まえがき

　公務員の人気は高く，「農業土木職」・「土木職」を受験する人がおおぜいいます。一方で，採用数は年々少なくなり，しだいに狭き門になっているのが実状です。

　当然のことながら，採用試験に合格するためには，日常の学習において基本的事項をマスターし，さらに採用試験問題に対する応用力を養い，実力を十分に身につけておかなければなりません。しかし今までは，受験者にとって専門試験の学習のために適した問題集が少なく，効率よく受験対策を進めることが難しかったように思います。

　本書は，日常の専門学習の基礎を身につけ，さらに応用力をつける問題集として編集したものです。それぞれの問題は，過去に公表された実際の試験問題や全国高校生の受験者の記憶をもとに再現した問題などを長年にわたって蓄積してきたものです。また，将来出題されると思われる問題を系統的に分類して編集した実践的な問題集です。内容は，農業土木全般にわたり，基本的な内容を押さえながら，官公庁や会社の採用試験に対応できるもので，「農業土木職」ばかりでなく「土木職」にも対応できるものです。

　おわりに，本書が，農業土木・土木職員をめざす人たちにとって，学習の理解を深め，採用試験合格のための対策に役立つなら幸いに思います。

　　1998年12月

編集・執筆者一同

新版にあたって

　前回の改訂から8年が経ち，新教育課程が示され，教科書の内容も新しくなりました。それに伴い公務員試験の内容も変わってきます。そこで問題集を見直し，新たに新版として発行しました。公務員だけでなく，土木・測量・技術関係の各種採用試験において，専門的分野の重要性も増えてきています。勉強は受験をする皆さんが自ら進んで取り組まなければなりません。本書は，学校での勉強だけでなく，自分で積極的に学習に取り組めるよう基本的な問題も多く取り入れて作られています。受験生の皆さんが一人でも多く合格するために本書が一助となれば幸いです。

　　2015年3月

編集・執筆者一同

目 次

1. 数学・物理
1.1 数　学 …………………………… 3
1.2 物　理 …………………………… 9

2. 農業土木設計・土木構造設計
2.1 設計と力学 ……………………… 13
2.2 静定ばり・柱・トラス ………… 18
2.3 鉄筋コンクリート構造 ………… 22
2.4 鋼構造 …………………………… 25

3. 農業土木施工・土木施工
3.1 農業の基盤整備 ………………… 26
3.2 土木材料 ………………………… 28
3.3 施工技術 ………………………… 31
3.4 土木工事管理 …………………… 36
3.5 工事用機械と電気設備 ………… 38

4. 水循環
4.1 水の基本的性質 ………………… 42
4.2 土の基本的性質 ………………… 48
4.3 農業水利 ………………………… 54

5. 測量
5.1 基準点測量・写真測量 ………… 59
5.2 応用測量 ………………………… 68

6. 社会基盤工学
6.1 交通と運輸 ……………………… 72
6.2 治水・利水 ……………………… 75
6.3 社会基盤システム ……………… 78

7. 農業と環境・情報
7.1 農業と環境 ……………………… 80
7.2 情　報 …………………………… 86

解　答 ………………………………… 91

編集・執筆者

〈編集者〉
大村　光臣／野田　光彦／髙田　直樹／古澤　秀忠

〈執筆者〉
大村　光臣／松嵜　浩明／佐久間澄夫／土田　純也
加藤　雅貴／西村　和久／古澤　秀忠／野田　光彦
伊藤　顕一／小池　英吾／古家　　隆／髙田　直樹

ご注意

平成三十年文部科学省告示第六十八号による「高等学校学習指導要領」により，農業土木を学ぶ高校生につきましては「4.3　農業水利」の内容は「4. 水循環」ではなく「2. 農業土木設計・土木構造設計」で学習することになりました。内容に変更はありませんが，本書とは順序が変更されていますので，ご注意下さい。

1 数学・物理

1.1 数　　　　学

【1】同類項をまとめて簡単にしなさい。
① $3x + 2y - 2x + 5y$　② $a^3 - a + 2a^3$　③ $a^2 + 7a + 3a^2 - 4 - 5a + 2$

答① _____　② _____　③ _____

【2】$A = x^2 - 6x + 3$, $B = -2x^2 + 3x + 2$ のとき，つぎの式を計算しなさい。
① $A - B$　② $2(A + 2B) - 3(A - B)$

答① _____　② _____

【3】つぎの式を簡単にしなさい。
① $\sqrt{50} + \sqrt{18}$　② $\sqrt{45} - \sqrt{20}$　③ $\sqrt{3} \times \sqrt{12}$
④ $\sqrt{48} \div \sqrt{3}$　⑤ $5\sqrt{2} - 3\sqrt{3} - 4\sqrt{2} + 2\sqrt{3}$

答① _____　② _____　③ _____
　④ _____　⑤ _____

【4】つぎの式の分母を有理化しなさい。
① $\dfrac{10}{\sqrt{5}}$　② $\dfrac{2}{\sqrt{7} - \sqrt{3}}$　③ $\dfrac{\sqrt{5} - \sqrt{3}}{\sqrt{5} + \sqrt{3}}$

答① _____　② _____　③ _____

【5】$\dfrac{3 + \sqrt{6}}{3 - \sqrt{6}} + \dfrac{3 - \sqrt{6}}{3 + \sqrt{6}}$ を計算しなさい。

答 _____

【6】対数の性質を利用して，つぎの値を求めなさい。
① $\log_2 16$　② $\log_3 \sqrt{3}$　③ $\log_2 8$　④ $\log_3 \dfrac{1}{81}$　⑤ $\log_3 1$　⑥ $\log_2 2$

答① _____　② _____　③ _____　④ _____　⑤ _____　⑥ _____

【7】$\log_a 2 = n$, $\log_a 3 = m$ として，つぎの式を n, m で表しなさい。
① $\log_a 18$　② $\log_a \sqrt{6}$　③ $\log_a \dfrac{\sqrt[4]{4}}{3}$

答① _____　② _____　③ _____

1. 数学・物理

【8】 円の中心を座標の交点にもつ半径1の円で，つぎの問いに答えなさい。

① 図1.1のP点の x，y の値を三角関数を用いて表しなさい。
② 図1.1から $\tan\theta$ を $\cos\theta$ と $\sin\theta$ を用いて表しなさい。
③ 図1.1のO点，P点，x軸上の x 点で囲まれる直角三角形から三平方の定理を適用すると，どのような関係式が導かれるか表しなさい。

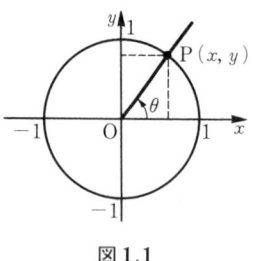

図1.1

答 ① _____ ② _____ ③ _____

【9】 図1.2の △ABC においてつぎのものを求めなさい。

① $a = 6$，$A = 30°$，$B = 45°$ のとき b
② $b = 2$，$c = \sqrt{2}$，$C = 30°$ のとき B
③ $b = 3$，$c = 2\sqrt{3}$，$A = 30°$ のとき a
④ $a = 1$，$b = \sqrt{5}$，$c = \sqrt{2}$ のとき B

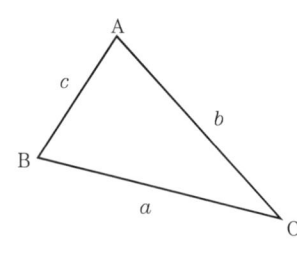

図1.2

答 ① _____ ② _____ ③ _____ ④ _____

【10】 $\sin\theta + \cos\theta = 1/3$ のとき，つぎの式の値を求めなさい。

① $\sin\theta\cos\theta$　　② $\sin\theta - \cos\theta$　　③ $\sin^3\theta + \cos^3\theta$

答 ① _____ ② _____ ③ _____

【11】 つぎの式を簡単にしなさい。

$$\frac{\sin\theta}{1 - \cos\theta} - \frac{1}{\tan\theta}$$

答 _____

【12】 つぎの1次不等式を解きなさい。

① $x + 2 < 10$　　② $x + 5 > -1$　　③ $-3x + 2 \leqq -2x + 7$

④ $3(x - 1) > 4(2x + 4)$　　⑤ $\dfrac{5x - 2}{3} \leqq \dfrac{-x + 7}{6}$　　⑥ $\dfrac{x + 3}{2} + 5 > 3x + 2$

答 ① _____ ② _____ ③ _____
　　④ _____ ⑤ _____ ⑥ _____

【13】 つぎの2次不等式を解きなさい。

① $x^2 + 6x + 8 \geqq 0$　　② $x^2 - 3x > 0$　　③ $x^2 - 4x - 2 > 0$

④ $2x^2 - 10x + 3 \leqq 0$　　⑤ $3x^2 - 5x - 2 \leqq 0$　　⑥ $-x^2 - 5x + 6 \leqq 0$

答 ① _____ ② _____ ③ _____
　　④ _____ ⑤ _____ ⑥ _____

【14】 つぎの連立不等式を解きなさい。

① $x^2 - 8x + 15 \leq 0$ ……(ア)　　② $x^2 - 6x + 8 \leq 0$ ……(ア)
　　$3x - 12 \leq 0$ …………(イ)　　　　$x^2 - 9x + 18 > 0$ ……(イ)

答 ①_____ ②_____

【15】 図1.3の斜線部分を表す不等式を求めなさい（境界は含まない）。

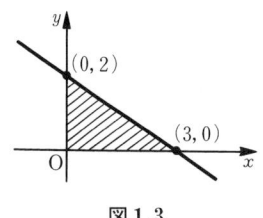

図1.3

答 _____

【16】 つぎの方程式を解きなさい。

① $x^2 - 16 = 0$　　② $-2x^2 + 6 = 0$　　③ $3x^2 + 7x = 0$
④ $x^3 - 5x^2 + 6x = 0$　　⑤ $x^3 - 4x^2 + 3x = 0$　　⑥ $x^4 - 4x^2 = 0$

答 ①_____ ②_____ ③_____
　　④_____ ⑤_____ ⑥_____

【17】 つぎの連立方程式を解きなさい。

① $x + 2y = 4$ …(ア)　　② $3x + y = 6$ …(ア)　　③ $2x + 3y = 1$ …(ア)
　　$3x - 2y = 8$ …(イ)　　　$-x + 3y = 8$ …(イ)　　　$y = x - 8$ …(イ)

答 ①_____ ②_____ ③_____

【18】 2次方程式の二つの解を α, β とするとき，$\alpha + \beta$, $\alpha\beta$ が 3, 4/3 となる方程式を求めなさい。

答 _____

【19】 2次関数 $y = x^2 + bx + c$ のグラフは直線 $x = 2$ について対称で，点 $(3, 0)$ を通る。このとき，b, c の値を求めなさい。

答 _____

【20】 2次関数 $y = -2x^2 + ax + a$ の最大値 m を a で表しなさい。また、m の最小値も求めなさい。

【答】

【21】 図1.4、図1.5において、斜線部分の面積を求めなさい（π のままで答えなさい）。

① 扇形

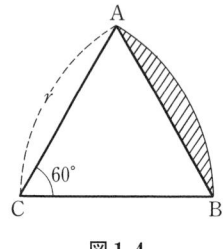

図1.4

② 正方形

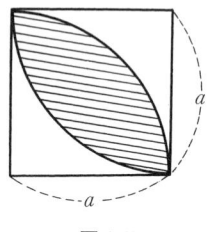

図1.5

【答】① ②

【22】 曲線 $y = ax^3 + bx$ が点 $(1, -1)$ において、直線 $y = 2x - 3$ に接している。a, b の値を求めなさい。

【答】

【23】 底面が正方形で縦、横、高さの和が 30 cm の直方体をつくりたい。このとき、体積を最大にするには一辺の長さをいくらにしたらよいか、底面の一辺を求めなさい。

【答】

【24】 幅 20 cm の鉄板を図1.6のように曲げてコの字形の入れ物をつくりたい。斜線部分の面積を最大にするための高さを求めなさい。

 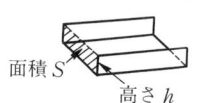

図1.6

【答】

【25】 図1.7のような $a = 5$, $b = 4$, $c = 6$ である △ABC の辺 BC 上に、中点 M、および ∠A の2等分線の交点 D をとる。AM と AD の長さを求めなさい。

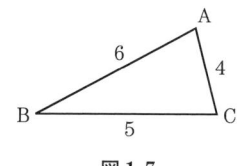

図1.7

【答】

【26】 図 1.8 の①～③について下の問に答えなさい。

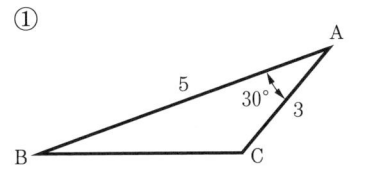 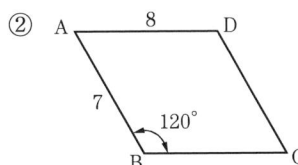 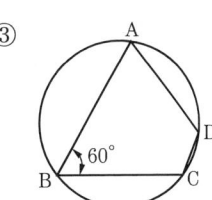

図 1.8

① 辺 $b = 3$, $c = 5$, 角 $A = 30°$ である △ABC の面積を求めなさい。
② AB = 7, AD = 8, $\angle$ABC = 120° である平行四辺形 ABCD の面積を求めなさい。
③ 円に内接し, AB = 8, BC = 5, CD = 3, $\angle$ABC = 60° である四角形 ABCD の面積を求めなさい。

答 ① _____ ② _____ ③ _____

【27】 △ABC において, $a = 7$, $b = 3$, $c = 5$ のとき, つぎの値を求めなさい。
① 面積　② 外接円の半径 R　③ 内接円の半径 r

答 ① _____ ② _____ ③ _____

【28】 つぎの定積分を求めなさい。

① $\int_{1}^{3} x\, dx$　② $\int_{-1}^{1} (x^2 + x)\, dx$　③ $\int_{-1}^{1} 5x\, dx$　④ $\int_{0}^{1} (3x^2 - 4x + 2)\, dx$

⑤ $\int_{-2}^{1} (4x + 3)\, dx$　⑥ $\int_{-1}^{2} (x^2 - 2x + 3)\, dx$

答 ① _____ ② _____ ③ _____
　 ④ _____ ⑤ _____ ⑥ _____

【29】 放物線 $y = x^2 - 4$ と x 軸とで囲まれた面積を求めなさい。

答 _____

【30】 $y = 1 - x^2$ の x 座標が 1/2 の点での接線と接している。接線と x 軸, y 軸とで囲まれる三角形の面積を求めなさい。

答 _____

【31】 $y = x^3 - 3x + 4$ の区間 $-1 \leqq x \leqq 3$ において, 最小値と最大値を求めなさい。

答 _____

【32】 $x^2 + y^2 + 8x - 6y + 19 = 0$ の円の半径を求めなさい。

答 _____

【33】 0から9までの10個の数字から異なる3個の数をとって並べる。

　　① 3桁の数は何個つくれますか。

　　② 3桁の奇数は何個ありますか。

　　③ 3桁の5の倍数は何個ありますか。

答① ＿＿＿＿　② ＿＿＿＿　③ ＿＿＿＿

【34】 白い本5冊と赤い本3冊を1列に並べるとき，赤い本が3冊続けて並ぶ並べ方は何通りありますか。

答 ＿＿＿＿

【35】 図1.9のような碁盤の目のような道がある。地点Aから地点Bへ行く最短の道筋は何通りありますか。

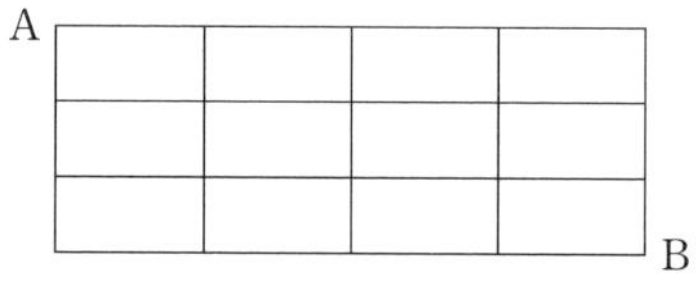

図1.9

答 ＿＿＿＿

【36】 階段の中間地点にいる。硬貨を投げて表がでたら1段上に行き，裏がでたら下に1段下がるものとする。硬貨を6回投げたとき，もとの中間点にいる確率を求めなさい。

答 ＿＿＿＿

【37】 つぎの等差数列の和を求めなさい。

　　① 1, 5, 9, 13, 17, ……, 77　の初項から末項まで

　　② 2, 4, 6, 8, …………　の初項から第10項まで

答① ＿＿＿＿　② ＿＿＿＿

【38】 第3項が7，第8項が22である等差数列の初項と公差，および一般項を求めなさい。

答 ＿＿＿＿

【39】 等比数列1, 2, 4, 8, ……, 128の末項は第何項か求めなさい。

答 ＿＿＿＿

【40】 つぎの等比数列の和を求めなさい。

　　① 2, 6, 18, 54, 162, 486, 1458

　　② 初項4，公比−2の等比数列の初項から第6項まで

答① ＿＿＿＿　② ＿＿＿＿

1.2 物理

【1】 高速道路を走る車が1時間30分かかって135 kmの距離を走った。この車の平均の速さは何km/hですか。また何m/sに相当しますか。

答 _____

【2】 直線状の線路を走る電車が，A駅からB駅に着くまでの速さ V [m/s] と時間 t [s] の関係を示すグラフがある（**図1.10**）。つぎの問いに答えなさい。

① $t = 0$ s から $t = 30$ s までの間の電車の加速度は何 m/s² ですか。
② $t = 30$ s から $t = 100$ s まで電車は等速運動をしているが，その速さは何 m/s ですか。
③ $t = 100$ s から $t = 136$ s までの間の電車の加速度は何 m/s² ですか。
④ A駅からB駅までの距離を求めなさい。

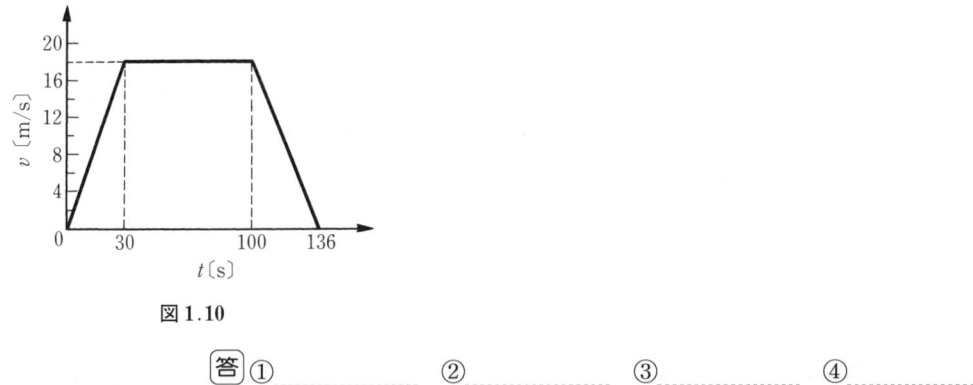

図1.10

答 ① _____ ② _____ ③ _____ ④ _____

【3】 地面から鉛直上向きに 19.6 m/s の初速度で打上げられた物体がある。つぎの問いに答えなさい。

① 1秒後の物体の速度はいくらですか。
② 1秒後の物体は高さはどのくらいの位置に達しますか。
③ 物体が達する最高点の高さはどのくらいですか。
④ 何秒後に物体は地面に戻ってきますか。

答 ① _____ ② _____ ③ _____ ④ _____

【4】 4 m/s の速さで進むことのできるボートで，流速 3 m/s の川の流れに直角に漕ぎだした（**図1.11**）。つぎの問いに答えなさい。

① ボートは岸から見ると何 m/s の速さで進んでいますか。

② 川幅を 20 m とすると，ボートは何秒後に対岸に到達しますか。

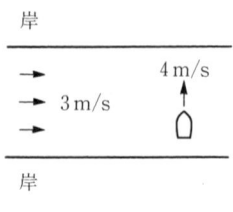

図 1.11

答 ① _____ ② _____

【5】 水平な面上で長さ 1.0 m の糸に結んだ重りを，回転数 2.0 Hz で等速円運動をさせた。つぎの問いに答えなさい。ただし本書では円周率 $\pi = 3.14$ とする。
 ① 重りの周期は何秒ですか。
 ② 重りの角速度は何 rad/s ですか。
 ③ 重りの速さは何 m/s ですか。
 ④ 重りの質量を 0.5 kg とすると，糸の張力は何 N ですか。

答 ① _____ ② _____ ③ _____ ④ _____

【6】 図 1.12 のように，重さの無視できる棒を介して，秤で重りの重さ W を測る。秤の目盛りが 12 kg を示しているとすると，W はいくらですか。

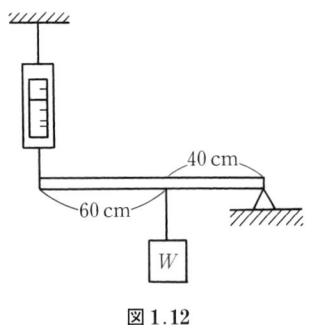

図 1.12

答 _____

【7】 ある波が媒質 1 から媒質 2 に進むとき，図 1.13 のような状態になった。このとき，つぎの問いに答えなさい。
 ① この屈折における入射角と屈折角はそれぞれいくらですか。
 ② 媒質 1 から媒質 2 に進むときの屈折率はいくらですか。
 ③ この波が，媒質 1 を進むときの速さが 2.8 m/s であったとすると，媒質 2 を進むときの波の速さはいくらですか。
 ④ 媒質 1 での波長が，1.4 m であったとすると，媒質 2 での波長はいくらですか。

⑤ 媒質1での波の振動数が2.0 Hzのとき，媒質2での波の振動数はいくらですか。

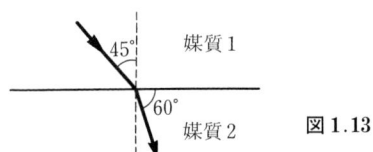
図1.13

答① _____ ② _____ ③ _____ ④ _____ ⑤ _____

【8】 稲妻が光ってから雷鳴が聞こえるまで5.0秒かかった。
① このときの気温が15℃であったとすると，音速はいくらですか。
② 雷雲までの距離は何kmですか。

答① _____ ② _____

【9】 導線の抵抗についてつぎの問いに答えなさい。
① 断面が円形の導線の長さを一定にして，その直径を2倍にすると，導線の抵抗はもとの何倍になりますか。
② 導線の太さを一定にしてその長さを2倍にすると，導線の抵抗はもとの何倍になりますか。
③ 同一の導線の温度をあげていくと，抵抗はどうなりますか。
④ 断面積 0.5 mm²，長さ 1 m の銅線の抵抗は 3.4×10^{-2} Ω である。断面積 2 mm²，長さ 40 m の銅線の抵抗はいくらになりますか。

答① _____ ② _____ ③ _____ ④ _____

【10】 天井から吊るしたときの自然の長さが L_0 であるばねに質量 m の重りをつけたところ，長さが L まで伸びた。重りをつけてあった状態から下方に静かに引張って δ だけ伸ばし手を離すとばねは振動する（図1.14）。ばねが最も短くなったときの長さを求めなさい。

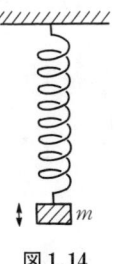
図1.14

答 _____

【11】 水平面と30°の角をなす滑らかな斜面上に，物体を静かに置いた。この物体の4秒後の速さを求めなさい。ただし，重力加速度は9.8 m/s²とする。

答

【12】 図1.15のように，2本の紐で重量 W の物体を吊り下げるとき，紐の強さが80 Nまで耐えられるとすると，重量 W は最大何Nとなりますか。ただし，$α = 30°$，$β = 60°$ とする。

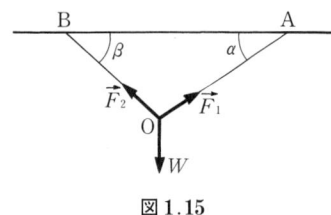

図1.15

答

【13】 天井から振り子を吊るした電車が加速度 a で走っている（図1.16）。このとき，振り子は鉛直より後方に傾いて止まっている。いま，この状態で糸を切ったとすると，電車の外の地上に立っている人から見ると振り子の重りはア～オのどの方向に運動するかを答えなさい。

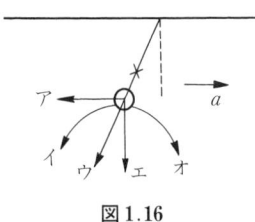

図1.16

答

【14】 ばね定数 $2.0×10^2$ N/m のばねを水平で滑らかな床面に置き，一端を固定し，他端に質量 2.0 kg の台車をつけ，釣合いの位置O点より0.40 mだけ縮めた位置A点で静かに離した（図1.17）。

① A点でのばねの弾性力は何Nですか。
② A点でのばねの弾性力の位置のエネルギーは何Jですか。
③ この台車の最大の速度は何m/sですか。

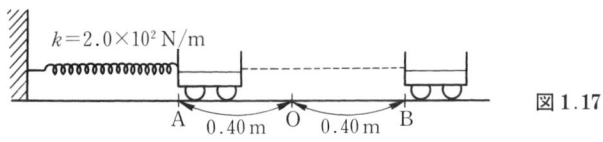

図1.17

答① ② ③

2　農業土木設計・土木構造設計

2.1　設計と力学

【1】　つぎの文の（　　）に入る適当な語句を解答群から選び記号で答えなさい。
　① 力の働きを表すには力の大きさ，力の（　①　），力の方向を示さなければならない。これらを力の三要素という。
　② 大きさが等しく，作用線が平行で方向がたがいに逆向きの二力を（　②　）という。
　③ 二つ以上の力と同じ働きをする一つの力を合力といい，これを求めることを力の（　③　）という。
　④ 物体に支点を中心として回転させようとする作用を力の（　④　）という。
　⑤ 一つの力を，これと同じ働きをする二つ以上の力に分けることを力の分解といい，分けられた力を（　⑤　）という。

　解答群
　　ア　合成　　イ　分力　　ウ　偶力　　エ　モーメント　　オ　作用点

　答①＿＿＿　②＿＿＿　③＿＿＿　④＿＿＿　⑤＿＿＿

【2】　単位の変換をしなさい。
　$50\,MN = (\ ①\ )\,kN$　　$4\,000\,000\,N = (\ ②\ )\,MN$　　$6\,kN/m^2 = (\ ③\ )\,N/mm^2$
　$0.8\,MN/m^2 = (\ ④\ )\,N/mm^2$　　$3\,kN \cdot m = (\ ⑤\ )\,N \cdot mm$

　答①＿＿＿　②＿＿＿　③＿＿＿　④＿＿＿　⑤＿＿＿

【3】　図2.1の2力の合力を求めなさい。
　① 51.2 kN
　② 54.0 kN
　③ 55.7 kN
　④ 58.3 kN
　⑤ 59.6 kN

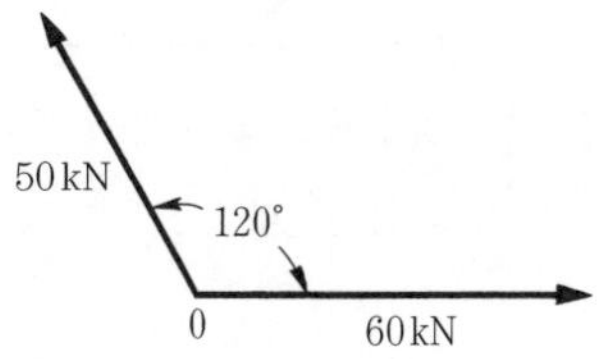

図2.1

　答＿＿＿＿＿

【4】 図2.2の力 P の x 方向と y 方向の分力の大きさを求めなさい。

図2.2

答

【5】 図2.3の点Oに対する合力の大きさとその作用点の位置を求めなさい。

図2.3

答

【6】 図2.4の長方形の x 軸，y 軸に関する断面一次モーメントを求めなさい。

図2.4

答

【7】 図2.5の x 軸に関する断面一次モーメントを求めなさい。

図2.5

答

【8】 図2.6のような三角形の x-x 軸に関する断面一次モーメントおよび断面二次モーメントを求めなさい。

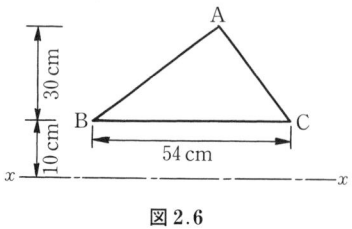
図2.6

答

【9】 図2.7の図形について，表2.1を完成させ図心 y_0 を求めなさい。

図2.7

[答] ① _____ ② _____
③ _____ ④ _____
⑤ _____ ⑥ _____
⑦ _____ ⑧ _____
⑨ _____ ⑩ _____

表2.1

断面	寸法〔cm〕	断面積 A_i〔cm²〕	距離 y_i〔cm〕	断面一次モーメント〔cm³〕
A_1	8×12	(①)	(②)	(③)
A_2	(④)	(⑤)	(⑥)	(⑦)
合計		(⑧)		(⑨)

図心 y_0 を求める　$y_0=$ (⑩) cm

【10】 図2.8のような断面の x-x 軸に関する断面二次モーメントを求めなさい。

図2.8

[答] _____

【11】 図2.9のような断面の断面係数を求めなさい。

図2.9

[答] _____

【12】 つぎの文の（　）に入る適当な語句を解答群から選び記号で答えなさい。

① 鋼材などで軸方向応力とひずみには，ある範囲内で比例の関係が確かめられた。これを（ ① ）という。

② 物体に力を加えると変形するが，この力を取り除いたとき，元の状態に戻る性質を（ ② ）といい，元の状態に戻らない性質を（ ③ ）という。

③ 大きな外力が急激に構造物に作用すると静的な場合とは異なった影響を与える。これを（ ④ ）を与えるという。

④ 橋の上を列車が通過する場合のように，荷重が繰り返して加えられる場合に生じる応力を（ ⑤ ）という。

解答群

ア 塑性　　イ 繰返し応力　　ウ 弾性　　エ 衝撃　　オ フックの法則

答 ①＿＿＿＿　②＿＿＿＿　③＿＿＿＿　④＿＿＿＿　⑤＿＿＿＿

【13】 直径 16 mm の鋼棒を引張るとき，この鋼棒は何 kN の力に耐えられるか求めなさい。ただし，円周率を 3.14 とし，鋼棒の許容引張応力度を 130 N/mm² とする。

答 ＿＿＿＿＿＿＿＿＿＿＿＿＿＿＿

【14】 荷重 600 kN を受けるコンクリート正方形断面の柱を設計するとき，コンクリートの許容圧縮応力度を 8 N/mm² とすると，この柱の断面寸法を求めなさい。

答 ＿＿＿＿＿＿＿＿＿＿＿＿＿＿＿

【15】 縦 20 mm，横 40 mm の長方形の短柱が 4 kN の軸方向荷重を受けたとき，この柱の応力度を求めなさい。

答 ＿＿＿＿＿＿＿＿＿＿＿＿＿＿＿

【16】 直径 32 mm，長さ 2 m の鋼棒を 70 kN の力で引張ったとき，この鋼材の伸びを求めなさい。ただし，比例限度の応力度は 250 N/mm² とし，弾性係数を $E = 210$ GPa，円周率 3.14 とする。

答 ＿＿＿＿＿＿＿＿＿＿＿＿＿＿＿

【17】 直径 20 mm，長さ 1 m の鋼棒を 30 kN の力で引張るときの伸びが 0.8 mm であった。このときの弾性係数 E を求めなさい。ただし，鋼棒の伸びは比例限度の範囲にあるものとする。

答 ＿＿＿＿＿＿＿＿＿＿＿＿＿＿＿

【18】 直径 30 mm の鋼棒を引張るとき，この鋼棒にどれだけの力を加えることができるか求めなさい。ただし，鋼棒の基準強さ（降伏点応力度）は 360 MPa，安全率は 3 とする。

答 ＿＿＿＿＿＿＿＿＿＿＿＿＿＿＿

【19】 長さ 180 mm の鋼棒をある力で引張ったところ,鋼棒は 183 mm になった。このときの鋼棒のひずみを求めなさい。

答 ....

【20】 図 2.10 は,鋼材の引張試験における応力度とひずみの関係を示したものである。図中の六つの点を何と呼ぶかを A 群から選んで（　　）の中に,またそれを正しく説明している用語を B 群から選んで [　　] の中にそれぞれの記号を記入しなさい。

A群　ア　上降伏点　　イ　破壊強さ　　ウ　比例限度　　エ　下降伏点
　　　オ　弾性限度　　カ　極限強さ

B群　a　応力度が急激に減少,ひずみが増加する点
　　　b　応力度とひずみが比例する最大限界
　　　c　応力度の最大値を表す点
　　　d　弾性変形をする最大限界
　　　e　破壊する点
　　　f　応力度が増さないのにひずみが急激に増加しはじめる点

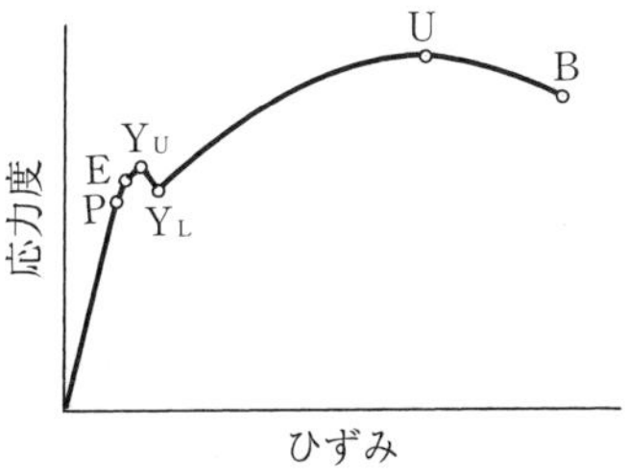

図 2.10

答　P点：(　　)[　　], E点：(　　)[　　]
　　Y_U点：(　　)[　　], Y_L点：(　　)[　　]
　　U点：(　　)[　　], B点：(　　)[　　]

【21】 直径 2 mm の鋼線を 400 N の力で引張るとき,この鋼線の安全性を判定しなさい。ただし,この鋼線の許容引張応力度を 160 N/mm² とする。

答 ....

【22】 許容引張応力度が 120 N/mm² である直径 14 mm の鉄筋の引張試験をしたところ,60 kN で基準強度（降伏点応力度）に達した。このときの鉄筋の安全率を求めなさい。

答 ....

2.2 静定ばり・柱・トラス

【1】 図2.11の単純ばりの反力 R_A および H_A を求めなさい。

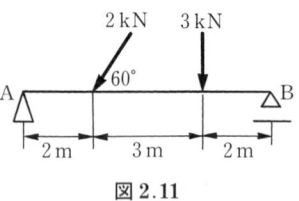

図2.11

答

【2】 図2.12のような荷重状態にある単純ばりにおいて支点Bの反力 R_B を求めなさい。

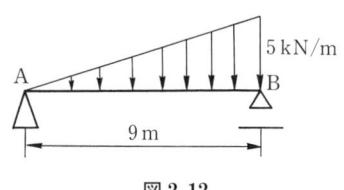

図2.12

答

【3】 図2.13のような張出しばりにおいて，支点Aの反力 R_A を求めなさい。

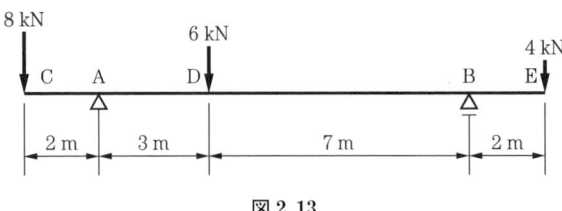

図2.13

答

【4】 図2.14のような単純ばりにおいて，X点のせん断力を求めなさい。

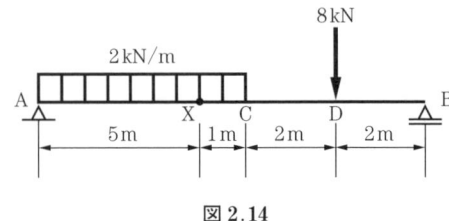

図2.14

答

【5】 図2.15のような単純ばりにおいて，せん断力が正から負に変化する位置（最大曲げモーメントが生じる位置）を求めなさい。

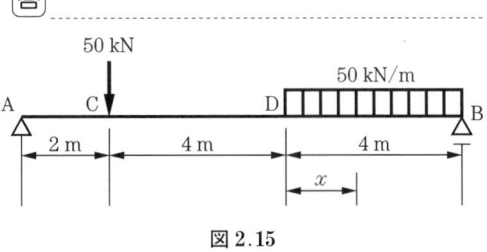

図2.15

【6】 図 2.16 のはりについて曲げモーメント図はどれですか。

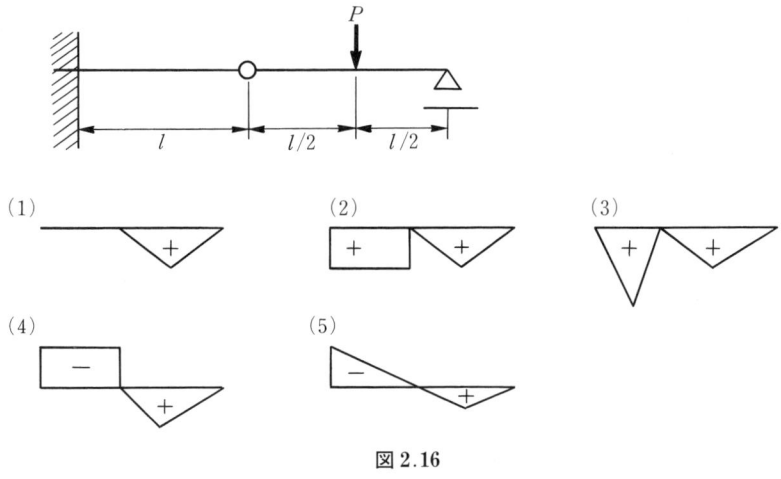

図 2.16

[答]

【7】 図 2.17 のような片持ばりにおいて，A 点の曲げモーメントを求めなさい。

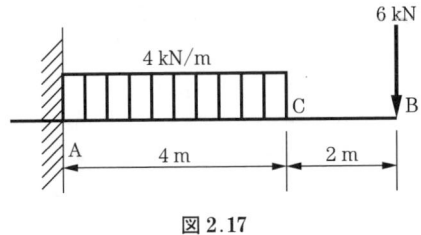

図 2.17

[答]

【8】 図 2.18 の単純ばりにおいて，C 点のせん断力を求める影響線の図は①〜⑤のどれですか。

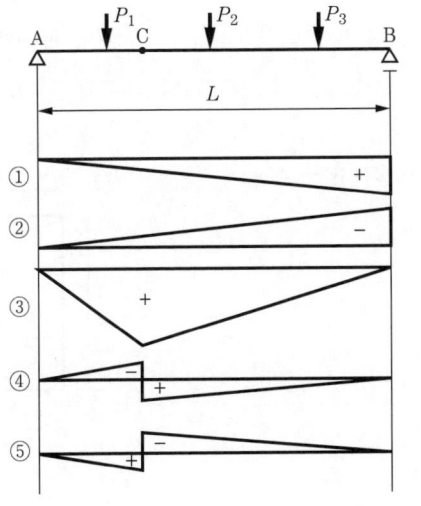

図 2.18

[答]

【9】 図 2.19 の単純ばり上を荷重 P_1, P_2 が 5 m の間隔で移動するものとする。絶対最大曲げモーメントが生じるときの荷重の位置を求めなさい。

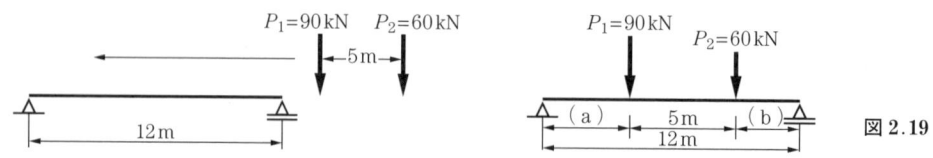

図 2.19

答 a = _____ m b = _____ m

【10】 モールの定理について（　）に適語を入れなさい。

第 1 定理…単純ばりの任意点の（①）は単純ばりに荷重が作用する場合にできる（②）を，そのはりに作用する荷重と考えたとき，その点に生じる（③）に 1/EI を乗じたものである。

第 2 定理…単純ばりの任意点の（④）は単純ばりに荷重が作用する場合にできる（②）を，そのはりに作用する荷重と考えたとき，その点に生じる（⑤）に 1/EI を乗じたものである。

答 ① _____ ② _____ ③ _____ ④ _____ ⑤ _____

【11】 図 2.20 の円形断面に曲げモーメント 5.0×10^6 N·mm が作用するときの縁応力度 σ を求めなさい。ただし円周率は π のままとする。

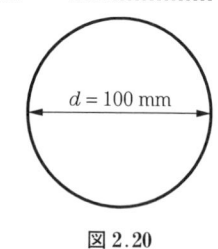

図 2.20

答 _____

【12】 図 2.21 の断面のはりに $S = 1\,500$ N のせん断力が作用するとき，最大せん断応力度を求めなさい。

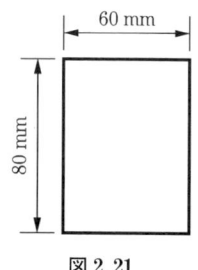

図 2.21

答 _____

【13】 図 2.22 のような荷重の作用する木ばりの長方形断面を求めなさい。ただし，木の許容曲げ応力度 $\sigma_a = 90\,\mathrm{N/cm^2}$，許容せん断応力 $\tau_a = 6\,\mathrm{N/cm^2}$ で，はりの幅 b は 25 cm とする。

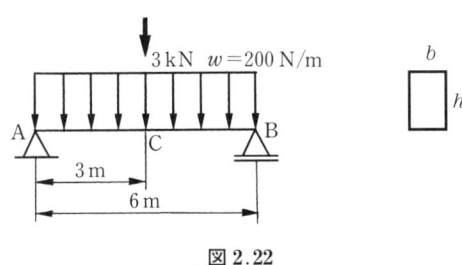

図 2.22

答

【14】 高さ 30 cm，幅 40 cm の長方形断面の柱の中心に 60 kN の軸方向圧縮力が作用するときの圧縮応力度 σ_c を求めなさい。

答

【15】 図 2.23 の断面をもつ，長さ 4 m の長柱の細長比を求めなさい。ただし支持方法は両端ヒンジとする。

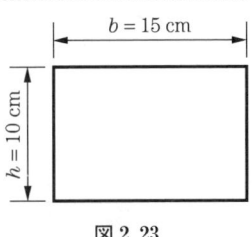

図 2.23

答

【16】 図 2.24 のような長方形断面の短柱において，図心 G から y 軸 $e = 6$ cm 偏心した E 点に，$P = 180$ kN の圧縮力が作用するとき，AD および BC の縁に生じる応力度 σ_{AD}，σ_{BC} を求めなさい。

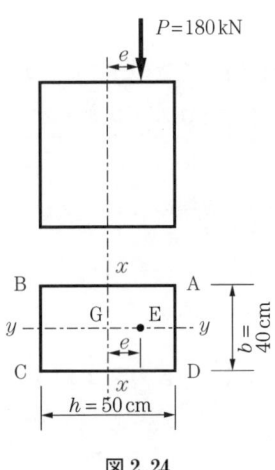

図 2.24

答 σ_{AD} _____ σ_{BC} _____

【17】 図 2.25 のワーレントラスにおいて，反力と部材力 D_1, L_1 を求めなさい。

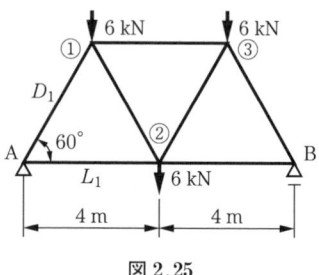

図 2.25

答 _____

【18】 図 2.26 のハウトラスにおいて，U_1 と D_2 の部材力を求めなさい。ただし，すべての集中荷重を 4 kN とする。

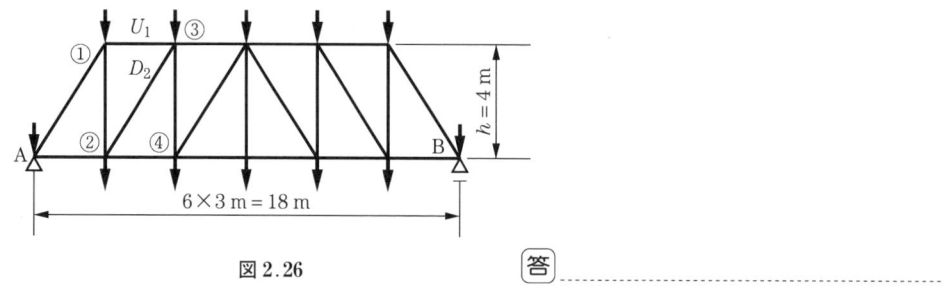

図 2.26

答 _____

2.3 鉄筋コンクリート構造

【1】 鉄筋とコンクリートのヤング係数比を求めなさい。

答 _____

【2】 つぎの（　）に適語を入れなさい。
　　コンクリートは（ ア ）に対しては抵抗力が大きいが，（ イ ）に対しては抵抗力が非常に（ ウ ）という欠点がある。そこでコンクリート中に（ エ ）強さの（ オ ）鉄筋を埋めて（ カ ）にも（ キ ）にも強いものがつくられた。これが（ ク ）である。

答 ア_____ イ_____ ウ_____ エ_____
　　オ_____ カ_____ キ_____ ク_____

【3】 つぎの図 2.27 の（　）の名称を答えなさい。

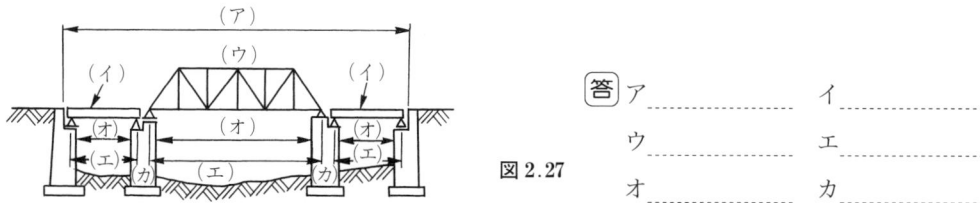

図 2.27

答 ア_____ イ_____
　　ウ_____ エ_____
　　オ_____ カ_____

【4】 図2.28のような構造形式の橋の名称を答えなさい。

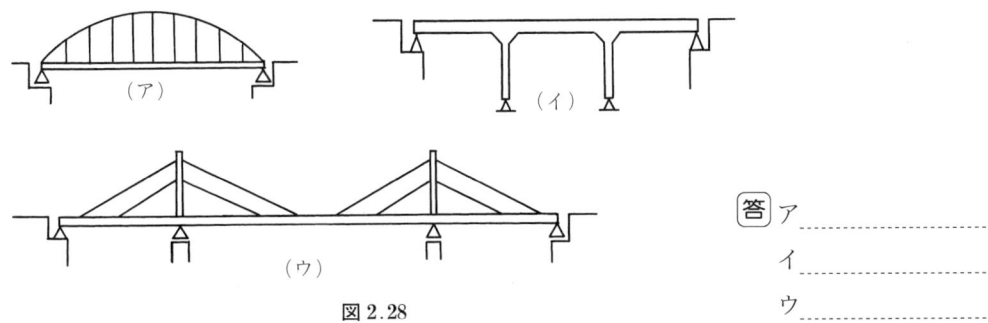

図2.28

答 ア＿＿＿＿＿＿＿＿＿＿
　 イ＿＿＿＿＿＿＿＿＿＿
　 ウ＿＿＿＿＿＿＿＿＿＿

【5】 鉄筋コンクリート構造の計算上の仮定として正しいのはどれですか。
① 鉄筋コンクリートの部材はすべて弾性体として設計する。
② コンクリートの圧縮応力は無視する。
③ コンクリートと鉄筋は膨張係数がかけ離れている。
④ はじめに平面であった部材の横断面は，部材が変形しても平面である。
⑤ 鉄筋およびコンクリートのヤング係数比は一定とは限らない。

答＿＿＿＿＿＿＿＿＿＿

【6】 単鉄筋長方形断面の幅 $b=400\,\mathrm{mm}$，有効高さ $d=500\,\mathrm{mm}$，鉄筋量 $A_s=20.27\,\mathrm{cm}^2$（D25-4本），であるとき問に答えなさい。
① 鉄筋比 p を求めなさい。

答＿＿＿＿＿＿＿＿＿＿

② 係数 $k=0.419$ のとき中立軸の位置 x を求めなさい。

答＿＿＿＿＿＿＿＿＿＿

【7】 擁壁が安定であるための三つの条件をあげなさい。
答 ア＿＿＿＿＿　イ＿＿＿＿＿　ウ＿＿＿＿＿

【8】 フーチングの種類を四つあげなさい。
答 ア＿＿＿　イ＿＿＿　ウ＿＿＿　エ＿＿＿

【9】 つぎの（　）の中に適する語句や数字を入れなさい。
① コンクリートの引張力を生ずる部分に，あらかじめ計画的に（ ア ）を与えておき，その引張応力を打ち消すようにしておけば，部材の全断面が有効に働き，（ イ ）が生じない構造物をつくることができる。このようなコンクリートを（ ウ ）コンクリートといい，これを用いた構造物を（ エ ）構造という。なお，はじめに計画的にコンクリートに与えた（ オ ）のことを（ カ ）という。

② あらかじめ鋼線を型枠の中に配置し，これにプレストレスを導入しておいて，コンクリートを打つ方法を（ キ ）といい，コンクリートが硬化した後で，鋼材に引張力を与え，その鋼材をコンクリートに定着させてプレストレスを与える方法を（ ク ）という。また，プレストレストコンクリートを設計上から分けると，つぎの二つになる。有効プレストレスと設計荷重による応力との和が，許容応力とならないプレストレスを与えることを（ ケ ）といい，有効プレストレスと設計荷重による応力との和が，（ コ ）以下の引張応力となるプレストレスを与えることを（ サ ）という。

③ PC鋼材に引張力を与えたまま長期間固定しておくと，鋼材はしだいに塑性変形を起こし，鋼材に与えておいた引張力が（ シ ）していく。これを（ ス ）という。

[答] ア＿＿＿＿ イ＿＿＿＿ ウ＿＿＿＿ エ＿＿＿＿ オ＿＿＿＿
カ＿＿＿＿ キ＿＿＿＿ ク＿＿＿＿ ケ＿＿＿＿ コ＿＿＿＿
サ＿＿＿＿ シ＿＿＿＿ ス＿＿＿＿

【10】 図2.29を見てつぎの（ ）に適語や数字を入れなさい。

鉄筋コンクリートばりでは，曲げ応力とせん断応力の合成によって，はりの軸に対して斜めの方向に（ ア ）応力が働く。これを（ イ ）応力という。

鉄筋コンクリートばりでは，この（ イ ）応力によって（ ウ ）が生じ，破壊を起こす原因となることがある。

この（ イ ）応力に対する補強のために配置する鉄筋を（ イ ）鉄筋といい，（ エ ）と（ オ ）がある。（ エ ）は主鉄筋を取り囲み，これと直角または直角に近い角度で配置した鉄筋である。（ オ ）は引張鉄筋の一部をはりの軸に対して（ カ ）の角度で曲げ上げて，（ イ ）応力に抵抗させるようにしたものである。

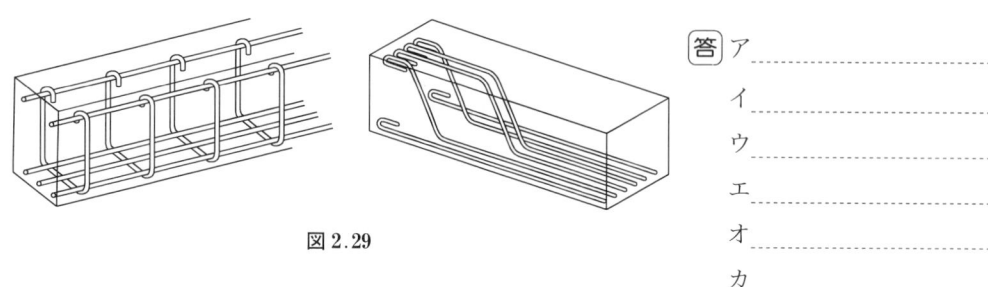

図2.29

[答] ア＿＿＿＿
イ＿＿＿＿
ウ＿＿＿＿
エ＿＿＿＿
オ＿＿＿＿
カ＿＿＿＿

【11】 図2.30の配筋図で正しいものはどれですか。

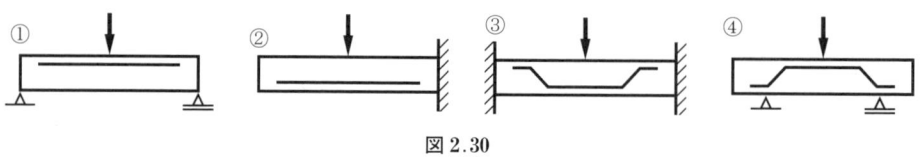

図2.30

[答] ＿＿＿＿

2.4 鋼　　構　　造

【1】 鋼材 SS 400 について問に答えなさい。

　① SS はどのような鋼材のことを示すか答えなさい。

　② 数値 400 は何を示すか答えなさい。またその単位も書きなさい。

　　　　　　　　　　　答① _____　② _____

【2】 図 2.31 のリベットの名称を書きなさい。

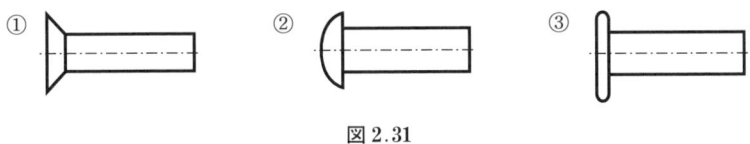

図 2.31

　　　　答① _____　② _____　③ _____

【3】 図 2.32 のリベットの継ぎ手にはどのようなものがあるか書きなさい。

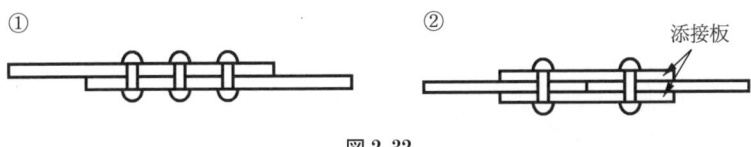

図 2.32

　　　　　　　　　　　答① _____　② _____

【4】 図 2.33 の高力ボルト接合の種類を書きなさい。

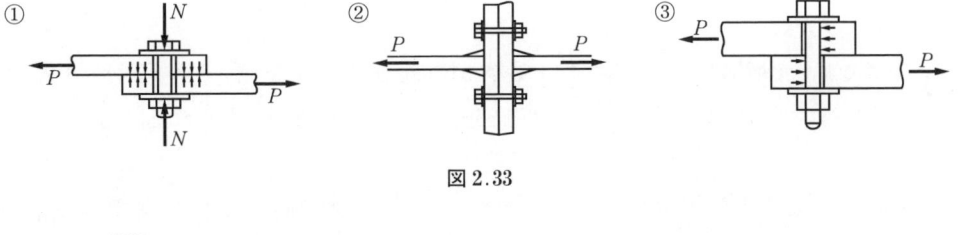

図 2.33

　　　　答① _____　② _____　③ _____

【5】 図 2.34 においてリベット径 20 mm, 板の厚さ 12 mm として, $P=4$ kN の力を受けるとき, リベットに生じるせん断応力度 τ を計算しなさい。

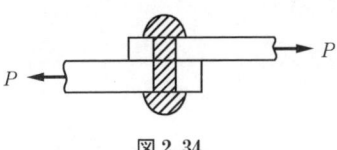

図 2.34

　　　　　　　　　　　　　　　　　　　　　　　　　答 _____

3 農業土木施工・土木施工

3.1 農業の基盤整備

【1】 地域計画の手順として正しいものを選びなさい。
① 調査→ビジョン→プラン→マスタープラン→プロジェクトプラン
② ビジョン→調査→マスタープラン→プラン→プロジェクトプラン
③ 調査→ビジョン→プラン→プロジェクトプラン→マスタープラン
④ 調査→マスタープラン→プラン→プロジェクトプラン→ビジョン
⑤ 調査→ビジョン→マスタープラン→プラン→プロジェクトプラン

答 ＿＿＿＿＿

【2】 つぎの事例に当てはまるミチゲーション（環境影響への緩和手段）の5段階を選びなさい。
① 既設落差工により魚類の遡上が阻害されていた水路に魚道を設置した。
② 生物の生息が可能な自然石や自然木を利用した護岸とした。
③ 生物の繁殖がよく行われている河川上流部を工事計画範囲から除外した。
④ 工事区域外に水辺を造成し，生物の生息環境を確保した。
⑤ 工事前に生物を捕獲し一時的に移動，施工期間中の影響を軽減した。
A 回避　　B 最小化　　C 修正　　D 軽減/消失　　E 代償

答 ① ＿＿ ② ＿＿ ③ ＿＿ ④ ＿＿ ⑤ ＿＿

【3】 つぎは水田の区画に関する記述である。A, B, Cに当てはまるものの組合せで適当なものはどれですか。

　あぜによって境界が明らかな耕作上最小単位の区画を（ A ）といい，水稲栽培の水管理を適正に行い得る形状を備え，小排水路と道路などの永久施設に囲まれた区画を（ B ）という。
　（ C ）は周辺を農道によって囲まれた長方形の区画で同一条件で，水管理や作業管理を行うなど経営・栽培・管理および土地利用計画の単位となる。一般に小排水路の両側の2（ B ）を合わせて1（ C ）とされている。

	A	B	C		A	B	C
①	耕区	農区	圃区	④	圃区	耕区	農区
②	農区	圃区	耕区	⑤	農区	耕区	圃区
③	耕区	圃区	農区				

答 ＿＿＿＿＿

【4】水田の区画配置に関するつぎの文のうち，正しいものを選びなさい。
① 農区ごとに独立した水管理を可能とする。
② 用排水は原則として分離する。
③ 圃区の短辺の長さは小用水路の許容延長とし，原則として300～600 m とする。
④ 圃区の面積は原則として 30 a から 1 ha とする。
⑤ 地形勾配にかかわらず，形状は必ず長方形とする。

答

【5】つぎの地すべり防止対策工法のうち，抑制工をすべて選びなさい。
① 承水路工　② 水抜きボーリング工　③ アンカー工
④ 堰堤工　⑤ 集水井工

答

【6】風食および水食に関する記述のうち正しくないものを選びなさい。
① 水食を防止する農法的方法には，栽培管理面から，等高線栽培，植生栽培，マルチ栽培，輪作・間混作，深耕による地下浸透の促進などがある。
② 水食には，表土を面状に運び去る面状侵食，地表に小さな溝を作るリル侵食，耕作では修復できないガリ侵食がある。
③ 水食防止工法のうち排水路工法では，等高線にほぼ平行に承水路，ほぼ直角に集水路を設け，承水路で捕捉した集水路を通じて支線排水路などに導く。
④ 防風ネットは，防風林の欠点である日射の減少，つぶれ地の増大を軽減する。
⑤ 風食は，風速を減少させなければ防止することができないため，切り株や敷きわらでは効果がなく，防風林や防風垣が有効な方法である。

答

【7】土層改良に関するつぎの説明のうち，正しくないものを選びなさい。
① 水田の老朽化や漏水の多い場合，客土は有効な土層改良法である。
② 混層耕は，作土が耕作に適さず，下層に肥沃な土層がある場合に用いられる。
③ 心土破砕効果を上げるため，土層が十分湿潤な時期に施工することが望ましい。
④ 減水深 30 mm/日を超える水田は，床締めの対象となる。
⑤ 除礫の工法には，排除集積，排除埋込み，湛水埋め込み，グラッシングなどがある。

答

【8】農道配置計画に関するつぎの説明のうち，正しいものを選びなさい。
① 圃場に直接取り付く支線農道をまず配置し，つぎに幹線農道の順に配置を検討する。
② 農道は農業生産施設であり，都市計画における国，県，市道等との整合性を図る必要はない。

③ 水田地域の圃場整備を行う場合の圃場内農道の配置は，用排水路の配置とは別に検討する。

④ 傾斜地の畑地や樹園地における支線農道や耕作道は，農地保全や排水路の目的も兼ねた配置を検討する。

⑤ 畑地における耕作道の配置は，切土盛土が多くなったとしても直交格子型が望ましい。

答 _____

【9】つぎの語句を説明しなさい。
　① 水田の汎用化　② 換地　③ 交換分合　④ DID地域　⑤ 第1種兼業農家

答 ①_____

② _____

③ _____

④ _____

⑤ _____

3.2　土 木 材 料

【1】木材の特徴を三つあげなさい。

答 ①_____ ②_____ ③_____

【2】つぎの木材の腐食と耐久性についての記述で適当なものはどれですか。
　① 木材は風雨・水・熱などの作用を受けて耐久性を失う。
　② 常に湿潤な空気に触れるものはシロアリその他の害虫に食われない。
　③ 常に海水中にあるものは腐食しない。
　④ 常に湿潤な空気に触れる木材は腐りにくい。
　⑤ 木材は乾燥と湿潤を繰り返すと腐りにくい。

答 _____

【3】合板とはどのようなものか。簡単にその製法を説明しなさい。

答 _____

【4】 岩石をその成り立ちから分けると，火成岩・たい積岩・変成岩になる。それでは，下記に示す岩石はそれぞれどのグループに属するか，（　　）の中に記入しなさい。

石灰岩　　安山岩　　花崗岩　　大理石　　片麻岩

A　火成岩：（　　　　　　　　　）
B　たい積岩：（　　　　　　　　）
C　変成岩：（　　　　　　　　　）

【5】 つぎの石材のうち，圧縮強度がもっとも大きいものはどれですか。

① 花崗岩　② 安山岩　③ 石灰岩　④ 凝灰岩　⑤ 砂岩

答

【6】 JIS 規格では，土木建築に使われる天然石材に規定を設けてあるが，その規定の対象外となるのは下記のうちどれか，一つを選びなさい。

① 角石　② 間知石　③ 割ぐり石　④ 割石　⑤ 板石

答

【7】 つぎの金属材料のうち，土木材料としてもっとも重要なものはどれですか。

① 銅　② 鉄鋼　③ 鉛・亜鉛　④ スズ　⑤ アルミニウム

答

【8】 つぎの鋼材に関する記述のうち，適当でないのはどれですか。

① 炭素含有量が多いほど，鋼材の強度は大きくなるが，伸びは小さくなる。
② 炭素含有量が多いほど，鋼材の加工性，溶接性は悪くなる。
③ 鋼材は不燃材料で，1 000 °C 程度までは常温に近い強度が得られる。
④ 鋼材は焼入れを行うと，引張強度，硬さが増加する。
⑤ 一般用鋼材では，座屈のおそれがないとき，引張，圧縮，曲げ許容応力度は等しい。

答

【9】 つぎの（　　）に入る語句の組合せとして適当なものはどれですか。

鉄鋼管には鋳鉄管と鋼管がある。鋳鉄管は鋼管に比べ強さが（ ア ）ので，大きな圧力を受けるところに適さないが，耐食性が（ イ ）。そのため（ ウ ）などに用いる。

	ア	イ	ウ
①	大きい	大きい	基礎杭
②	大きい	小さい	基礎杭
③	大きい	大きい	上下水道管
④	小さい	小さい	上下水道管
⑤	小さい	大きい	上下水道管

答

【10】 つぎの構造用鋼を材料として作られる製品のうち，一般に炭素含有量の最も多い材料から作られているものはどれですか。
① 橋梁用板　② 電信用線　③ 造船，車両用板
④ 溶接管　⑤ ピン　　　　　　　　　　　　答

【11】 アスファルトの一般的性質に関するつぎの記述のうち，正しいものはどれですか。
① 比重は水より小さい。
② 針入度が大きいほど硬い。
③ 温度が上昇するに従って軟化し，ついには液体になる。
④ 約 110 ℃で引火する。
⑤ 弱酸に著しく侵されやすい。　　　　　　　答

【12】 つぎのうち，天然アスファルトはどれですか。
① ロックアスファルト　② ストレートアスファルト　③ ブローンアスファルト
④ カットバックアスファルト　⑤ コールタール　　答

【13】 アスファルトのコンシステンシーとは，材料の粘性あるいは硬さの程度を表すが，つぎのうちコンシステンシーと最も密接な関係にあるものはどれですか。
① 比重　② 水分　③ 温度　④ 圧力　⑤ 密度　答

【14】 アスファルト混合物にフィラーを混入するが，そのフィラーの役割を二つあげなさい。
答 ①　　　　　　　　　　　　②

【15】 セメントの貯蔵について，適当でないのはどれですか。
① セメントは防湿的な倉庫に貯蔵する。
② 袋詰セメントは，地上 30 cm 以上上げた床の上に自由に積み重ねる。
③ 入荷の順に使用できるようにする。
④ 検査に便利なように配置する。
⑤ 貯蔵期間がわかるようにする。　　　　　　答

【16】 つぎの四つの文は，まだ固まらないコンクリートの性質について述べたものだが，それぞれを何と呼ぶか下から選んで（　　）にその記号を記入しなさい。
（　　）型に詰めやすく，また型を取り去るとゆっくり変形するが，くずれたり，分離したりすることのない性質。
（　　）変形あるいは流動しにくい程度を表す性質。
（　　）運搬・打ち込み・締め固め・仕上げなどの作業の容易さを表す性質。
（　　）骨材の寸法・骨材率・粒度などにより，表面の仕上げの容易さを表す性質。
ア　フィニシャビリティー　イ　コンシステンシー
ウ　ワーカビリティー　　　エ　プラスティシティー

【17】 つぎのコンクリートの混和材料に関する記述に当てはまるものはどれですか。
　　　石炭火力発電所で粉炭の燃焼後に出る灰分を集めて粉末にしたもので，コンクリートの施工性や発熱，長期強度，耐久性，水密性を改善できる。比表面積の違いなどから，Ⅰ種・Ⅱ種・Ⅲ種・Ⅳ種に分けられる。
　　① 膨張材　② 高炉スラグ微粉末　③ フライアッシュ
　　④ 減水剤　⑤ シリカフューム　　　　　　　　　　答

【18】 セメントの製造でせっこうを混ぜる目的を答えなさい。
　　　　　　　　　　　　　　　答

【19】 つぎの用語と関係の深い語句を下から選んで，その記号を記入しなさい。
　　① 水セメント比　② セメント粉末度　③ ＡＥ剤
　　④ ブリージング　⑤ マスコンクリート
　　ア　風化　　イ　強度　　ウ　プレクーリング法　　エ　レイタンス　　オ　水密性
　　答①　　　　②　　　　③　　　　④　　　　⑤

【20】 土木材料に関するつぎの記述に当てはまるものはどれですか。
　　　比重が 0.90 から 2.20 で種類によって差があるが，比較的軽量でしかも強さが大きい。また化学的に安定で，耐水性・耐食性に優れていること，成型および加工が容易であること，耐衝撃性に優れていることなどの長所があるが，一方膨張係数が大きいこと，耐火性に劣るなどの短所もある。
　　① 木材　② 鉄鋼材料　③ 瀝青材料　④ コンクリート　⑤ 合成樹脂
　　　　　　　　　　　　　　　答

3.3 施 工 技 術

【1】 170 m³を盛土造成工事するのに必要な「地山の土量」と，それを「ほぐした土量」を求めなさい。ただし，土は砂質土で，土量の変化率を$L=1.20$，$C=0.85$ とする。
　　　　　　　　　　　　　　　答

【2】 図3.1の土積曲線図（マスカーブ）に関する記述のうち，適切でないものを選びなさい。
　　① BC 間は盛土区間である。
　　② DE 間は切土区間である。
　　③ 曲線の最大値，最小値の点 B，D は切土と盛土の境にあたる。
　　④ 平衡線 GH 間の切盛土量は等しい。
　　⑤ 点 B は盛土から切土への変移点である。

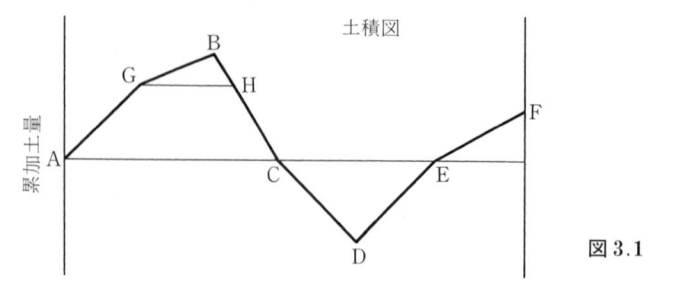

図 3.1

【3】 法面保護工の説明で，適切でないものを選びなさい。
① 張芝工は，雨水浸食防止，凍土崩落防止に適している。
② モルタル吹付け工は，風化の進んだ軟岩の法面の風化・浸食防止に適している。
③ ブロック張工は湧き水のある切土法面などで植生工に適さず，急な法面に適している。
④ 編柵工は，法表層部の浸食や湧き水による流失の抑制に適している。
⑤ 落石防止網工は，落石，表面のはく落の恐れのある場合の落石，はく落防止に適している。

【4】 コンクリートの運搬，打ち込みの記述で，適切でないものを選びなさい。
① コンクリートの練り混ぜから打ち込み完了までの時間は，原則として外気温が25℃を超えるときで1.5時間，25℃以下でも2時間を超えないようにする。
② 運搬中に材料分離を生じたものは，練り直してから打ち込む。
③ 荷卸しは，供給源より遠い場所から行い，1区画内でほぼ水平になるように連続して打ち込み，1層の打ち込み厚さは30〜40 cm以下とする。
④ 鉛直にコンクリートを打ち込む場合，縦シュートを用い，打ち込み高さは1.5 m以下とする。
⑤ コールドジョイントが生じないように，下層が固まる前に上層を打ち込む。

【5】 コンクリートの施工についての記述で，適切なものはどれですか。
① 寒中コンクリートはできるだけ単位水量を多くし，凍害の影響を軽減する。
② 寒中コンクリートの打ち込み時のコンクリートの温度は4℃以下が好ましい。
③ 暑中コンクリートの打ち込み時のコンクリートの温度は35℃以下とし，2時間以内に打ち込むのが望ましい。
④ 水中コンクリートの打ち込みには原則としてトレミーやコンクリートポンプを用いる。
⑤ 水中コンクリートの水中落下高さは1.5 m以下とする。

3.3 施 工 技 術

【6】 コンクリートの圧縮強度を $f' = 25.5 \text{ N/mm}^2$ とした場合，これに相当する水セメント比を求めなさい。ただし，$f' = -20.6 + 21.0 \dfrac{C}{W}$ とする。

① 42％　② 44％　③ 46％　④ 48％　⑤ 50％

答

【7】 コンクリートの養生についての記述で，適切でないものを選びなさい。
① 標準養生とは，20±3℃の水中または湿潤状態で行う養生をいう。
② コンクリートの露出面は，風雨，霜，直射日光から保護しなければならない。
③ 膜養生とは，コンクリートの表面に膜養生剤を散布し，コンクリートの表面から水の蒸発を防ぎながら養生する方法である。
④ コンクリートは，硬化中の振動，衝撃，荷重をかけないように，保護しなければならない。
⑤ コンクリートの露出面は，ぬらしたむしろ，布，砂などで覆うか，散水し，打ち込み後，少なくとも3日間はつねに湿潤状態に保たなければならない。

答

【8】 基礎地盤の改良工法について，適切でないものを選びなさい。
① サンドコンパクションパイル工法は，砂層に砂柱をつくり，まわりの地盤を固め，砂柱で支持力を向上させる工法である。
② プレローディング工法は，盛土して，その土圧により軟弱土層を圧密して水を排除し，支持力を向上させる工法である。
③ バーチカルドレーン工法は，軟弱地盤の土粒子間に薬液を注入して地盤の透水性を減少させる工法である。
④ サンドドレーン工法は，軟弱地盤中に砂による排水層を設けて，土中の水分を排水層にしぼりだす工法である。
⑤ バイブロフローテーション工法は，棒状振動体を地中に貫入させ，噴射水によって地盤を締め固める工法である。

答

【9】 オープンケーソン工法とニューマチックケーソン工法の記述で，適切でないものを選びなさい。
① オープンケーソンは，刃口金物を地上に置き，第1ロッドの鉄筋型枠を組み立て，コンクリートを打設し，硬化後型枠をはずし，掘削する。
② ニューマチックケーソンは，作業室内で直接載荷試験が手軽にでき，地盤の支持力の確認が容易である。
③ オープンケーソンは，刃口下の掘削が困難になるため，沈下不能になることがある。

3　農業土木施工・土木施工

④　ニューマチックケーソンは，エアロックやホスピタルロックなどの設備が必要で設備費が割高である。
⑤　オープンケーソンは，床板を鉄筋コンクリートにするのが一般的である。

答

【10】道路の路床，路盤に関する記述で，適切でないものを選びなさい。
①　工事中は路床面や路盤面に雨水が滞水しないように排水に十分注意する必要がある。
②　敷きならし転圧作業時の路盤材料の含水量は，最適含水付近に保つことが望ましい。
③　舗装の厚さは，路盤のCBRによって決定する。
④　路床の部分的な締固め不足を調べるために，プルーフローリングを行う。
⑤　下層路盤には，比較的支持力の小さい安価な材料を，上層路盤には支持力の大きい良質な材料を用いる。

答

【11】アスファルト舗装の舗設に関する記述で，適切なものを選びなさい。
①　基層と表層との付着をよくするためアスファルト乳剤を基層の上に散布する。これをプライムコートという。
②　路盤とその上の基層の付着をよくするために，路盤の上にアスファルト乳剤を散布する。これをタックコートという。
③　初転圧はタイヤローラで行う。
④　混合物の敷きならしはアスファルトフィニッシャーで行う。
⑤　現場到達温度はなるべく低い温度で，100℃以下にする。

答

【12】コンクリート舗装に関する記述で，適切でないものを選びなさい。
①　地盤がよくない場合，コンクリート中に鉄網を設ける。
②　鉄網は表面からコンクリート版の厚さのほぼ1/3のところに配置する。
③　収縮目地は，コンクリートの収縮に対するもので，ふつう道路の中心線と直角に8〜10 m間隔に設ける。
④　コンクリート版の厚さは，一般的に30〜60 cm程度である。
⑤　上層路盤には粒度調整砕石・セメント安定処理材料を用いる。

答

【13】ずり処理，支保工の記述で，適切でないものを選びなさい。
　① 抗内運搬のタイヤ方式は，レール方式に比べ，仮設備や換気設備が簡単である。
　② ずり積み作業中は，危険区域を定め，該当作業員以外の立ち入りを禁止する。
　③ 抗内運搬のレール方式は，トンネルの規模や地質には制約されないが，トンネルの勾配に制約される。
　④ ずり積みは，過積みにすると脱線や傷害事故の原因になるので注意する。
　⑤ 鋼アーチ支保工では，クラウンとスプリングには必ずくさびを入れる。

答　　　　　　　

【14】トンネルの施工に関する記述で，適切でないものを選びなさい。
　① 吹付けコンクリートの乾式の吹付け方式では急結剤の添加は難しいが，湿式では急結剤の添加は容易である。
　② 鋼アーチ支保工の建て込みにあたっては，支保工相互のつなぎボルトおよび内ばりを十分に締め付けなければならない。
　③ ロックボルトの再締付けは，施工後一昼夜程度で行わなければならない。
　④ NATM工法は，水密性の高い覆工ができ防水効果が高い。
　⑤ ロックボルトは，径の小さいものを数多く用いるよりも，径の大きなものを数少なく用いたほうが有効である。

答　　　　　　　

【15】シールド工法についての記述で，適切でないものを選びなさい。
　① 断面は，一般的に円形が多い。
　② 騒音・振動が少ない
　③ 急な曲線でも施工が簡単である。
　④ 軟弱地盤の工事に適している。
　⑤ シールド機の寸法で断面が決まり，途中で断面変更ができない。

答　　　　　　　

【16】トンネルの特殊工法についての記述で，適切でないものを選びなさい。
　① 薬液注入工法の薬液で最もよく用いられているものは水ガラスである。
　② セメントミルクは取り扱いやすく，グラウトとして強度が最も高い。
　③ セメントミルクは小さなわれ目にもよく浸透していく。
　④ 迂回水抜き工法は，トンネル掘削中，湧き水が多い場合，本トンネルの他に水抜き孔を掘って地下水を抜いて，掘削作業を容易にする。
　⑤ 凍結工法は地下水流が速い地質には適さない。

答

【17】フィルダムの洪水吐きについての記述として，最も適切なものを選びなさい。
① 洪水吐きの形式には，開水路方式と管水路方式があるが，フィルダムでは安全性の高い管水路方式としなければならない。
② 洪水吐きの規模は1年に1回起こると予想される流下できる規模とする。
③ 洪水吐きは，原則として，堤体に設けなければならない。
④ 洪水を確実に流下させるため，洪水吐きの流入部にゲートを設けるのが一般的である。
⑤ 洪水吐きの下流部に設ける減勢工には，水の跳水現象による水自身のかく乱を利用する跳水式が最も一般的である。

答

【18】コンクリートダムに用いられるRCD工法の記述で，適切でないものを選びなさい。
① 1回に連続して打設できる高さは，50〜100 cm程度とし，連続して大量施工可能な合理的工法として採用されている。
② コンクリートを，ブルドーザで敷きならし，振動ローラで締固める。
③ コンクリートのパイプクーリングによる温度規制は行わない。
④ コンクリートの打設場所までの水平方向のコンクリート運搬には，一般にダンプトラック，ベルトコンベヤ等を用いる。
⑤ コンクリートは，作業性を考え流動性の高い富配合のコンクリートを用いる。

答

3.4 土木工事管理

【1】正しい土木工事の実施手順を選びなさい。
① 調査・設計→入札→積算・発注→契約→施工・引渡し
② 積算・発注→調査・設計→入札→契約→施工・引渡し
③ 入札→調査・設計→積算・発注→契約→施工・引渡し
④ 契約→調査・設計→積算・発注→入札→施工・引渡し
⑤ 調査・設計→積算・発注→入札→契約→施工・引渡し

答

【2】人力施工による砕石敷きならし60 m³を3日間で終了させるのに必要な作業員数は何人か求めなさい。ただし，作業員1人当たり4 m³の作業能力とする。
① 2人　② 3人　③ 4人　④ 5人　⑤ 6人

答

【3】つぎの工程管理手法の説明のうち，誤っているものを選びなさい。
① バーチャートは作成が容易であるが，作業の順序関係が複雑な場合，作業間の余裕と工期に対する制限が明確に表現できない。
② ガントチャートは，工事の進行状況はわかりやすいが，各工事の所要日数や関連性が明確に表現できない。
③ バナナ曲線に入らない工程計画は一般に合理性に欠き，工程計画の調整が必要である。
④ PERT手法は曲線式工程表のため，各作業の順序や関連性が明確に表示できる。
⑤ ネットワーク手法とは，作業の関係，方向，内容を丸と矢線の結びつきで表現したものである。

答　④

【4】次のア～オをすべて満たすものを図3.2から選びなさい。
ア　作業AとBは同時に開始できる。
イ　作業CはA，Bが終了しなければ開始できない。
ウ　作業DはCが終了しなければ開始できない。
エ　作業EはCが終了しなければ開始できない。
オ　作業DとEが終了すれば，この工事は完了する。

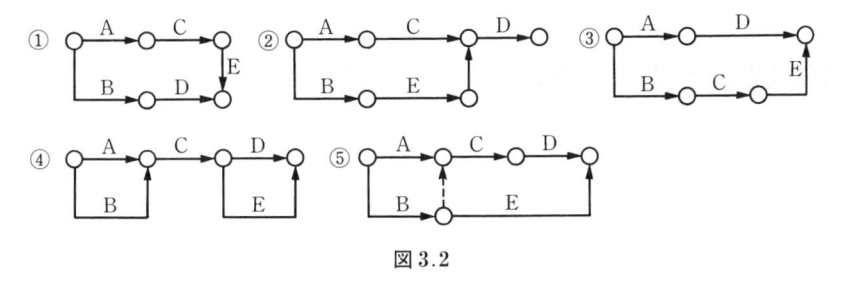

図3.2

答　④

【5】図3.3のような矢線で示された工事の工期は何日ですか。

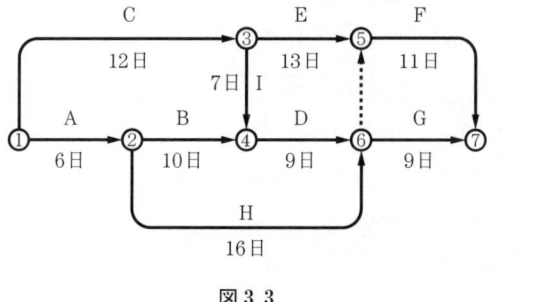

① 36日
② 37日
③ 38日
④ 39日
⑤ 40日

図3.3

答　④

【6】 図3.4のような矢印で示された工事の工期は何日ですか。

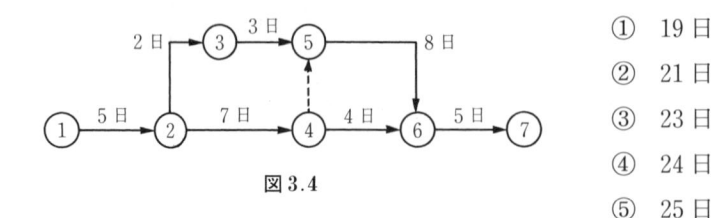

① 19日
② 21日
③ 23日
④ 24日
⑤ 25日

図3.4

答

【7】 統計的品質管理に関するつぎの説明のうち正しいものを選びなさい。
① 検査の対象となる母集団からある目的をもって集めた単位量をサンプルという。
② ロットとは，母集団から無作為に取り出したもののことをいう。
③ 品質にばらつきがあっても，適当なゆとりをもって規格を満たしていれば，その施工工程は望ましい状態といえる。
④ 度数分布表を，縦軸に測定値，横軸に度数をとって図示したものがヒストグラムである。
⑤ 管理図は，品質の変動が統計的に安定しているかどうかを調べるために用いられる。

答

3.5 工事用機械と電気設備

【1】 建設機械を選定する条件として適さないものはつぎのうちどれですか。
① 工事の規模　② 土の性質　③ 作業の種類
④ 施工方法　⑤ 有資格者数

答

【2】 つぎの建設機械と規格の表示方法の関係で，適切なものを線で結びなさい。
① モータグレーダ　・　　　・a) 運転質量〔t〕
② ブルドーザ　　　・　　　・b) ブレード長さ〔m〕
③ スクレーパ　　　・　　　・c) バケット容量〔m³〕
④ クラムシェル　　・　　　・d) ボウル容量〔m³〕

【3】 施工機械と施工条件に関する組合せで，適切でないものを選びなさい。
① 機械の位置より高い所の掘削……パワーショベル
② 機械の位置より低い所の掘削……バックホー
③ 水中堀削……ドラグライン
④ せまい場所での深い掘削……クラムシェル
⑤ 堅い地盤の掘削……ドラグライン

答

【4】締め固め用建設機械と土の種類の組合せで，適切でないものを選びなさい。

　　　　締め固め機械　　　　　　　土の種類
　① タイヤローラ…………砂質土，礫混じり砂，山砂利，まさ土
　② 振動ローラ……………岩砕，切り込み砂利，砂質土
　③ タンピングローラ……まさ土，砂質土，切り込み砂利
　④ ロードローラ…………粒度調整材料，切り込み砂利，礫混じり砂利
　⑤ 振動コンパクタ………粘性土以外のほとんどの土

答 ....

【5】運搬距離と適応機械の関係で，適切でないものはつぎのうちどれですか。

　① 60 m 以下……ブルドーザ
　② 40～250 m……スクレープドーザ
　③ 60～400 m……被けん引式スクレーパ
　④ 200～1 200 m……モータスクレーパ
　⑤ 200 m 以下……トラクタショベル＋ダンプトラック

答 ....

【6】つぎの文の（　　）に入る適切なものを解答群から選び記号で答えなさい。

　ロードローラには，三輪式の（　①　）形と2軸式および3軸式の（　②　）形の2種類がある。（　③　）には，自走式と被けん引式とがあり，鉄の箱に水や砂などを入れて自重を加減したり，タイヤの空気圧を変えて接地圧を調節したりする。（　④　）は，ローラの周面に突起をつけ土に突固め作用を与えるもので，ダム，築堤，空港などの盛土の締固め作業に使用される。（　⑤　）は，偏心体を回転させて起振力を発生させる起振機を振動板上に取りつけ，この振動により締固めと自走を同時に行う。（　⑥　）は，衝撃法による締固め機械であり，狭い面積に使用される。

解答群：ア　タンデム　　イ　ランマ　　ウ　タンピングローラ
　　　　エ　マカダム　　オ　タイヤローラ　　カ　振動コンパクタ

答 ①............　②............　③............
　 ④............　⑤............　⑥............

【7】つぎの文の（　　）に入る適切な数値を解答群から選び記号で答えなさい。

　コーンペネトロメータで測定し，地盤の貫入抵抗を表したものをコーン指数という。スクレープドーザのコーン指数は（　①　）kN/m²以上，湿地用ブルドーザは（　②　）kN/m²以上，普通ブルドーザは（　③　）～（　④　）kN/m²，ダンプトラックは（　⑤　）kN/m²以上である。この値が大きいほど建設機械の走行性は良いが，軟弱地盤での走行性は悪くなる。

解答群：ア　300　　イ　500　　ウ　600　　エ　700　　オ　1 200

答 ①............　②............　③............　④............　⑤............

【8】 つぎの建設機械の中で，コーン指数値のいちばん大きいものはどれですか。
① スクレープドーザ　② ダンプトラック　③ ブルドーザ
④ モータスクレーパ　⑤ 被けん引スクレーパ

答

【9】 ブルドーザの時間当たりの作業量を求める式は，つぎのうちどれですか。
① $Q = q\,n\,f\,E$ 〔m³/h〕
② $Q = q\,f\,E/C_m \times 60$ 〔m³/h〕
③ $Q = q\,o\,K\,f\,E/C_m \times 3\,600$ 〔m³/h〕
④ $Q = c\,f\,E/C_m \times 60$ 〔m³/h〕

答

【10】 普通土を土工板容量 0.44 m³ ストレートドーザで掘削し，下り 10 % で 20 m 土運搬したときの作業能力を求めなさい。ただし，前進速度 40 m/min，後進速度 100 m/min とし，ギアの入れ替え時間は，0.25 min とする。また，下り 10 %，運搬距離 20 m における押土係数は 1.23 であり，作業効率 $E=0.55$，土量の変化率 $L=1.25$ とする。

答

【11】 つぎの図 3.5 はショベル本体とアタッチメントの関係を表したものである。①〜⑤の名称を解答群から選び記号で答えなさい。

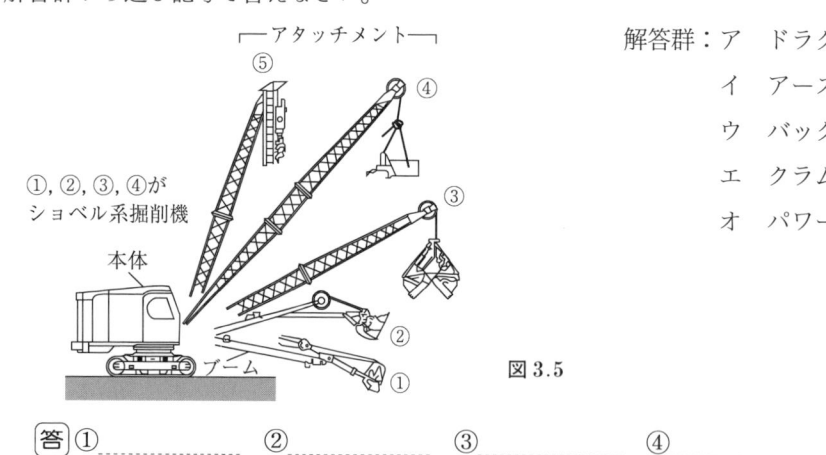

解答群：ア　ドラグライン
　　　　イ　アースドリル
　　　　ウ　バックホー
　　　　エ　クラムシェル
　　　　オ　パワーショベル

図 3.5

答 ①　　　　② 　　　　③ 　　　　④ 　　　　⑤

【12】 つぎの文は，建設機械に用いられるガソリン機関とディーゼル機関を比較したものである。誤っているものはつぎのうちどれですか。
① ガソリン機関は，ディーゼル機関より圧縮比が大きい。
② 大型，中型の建設機械には，ディーゼル機関が用いられる。
③ 小型の建設機械には，ガソリン機関が用いられる。
④ ディーゼル機関は，火災の危険性が低い。
⑤ ディーゼル機関は，熱効率が高く経済的である。

答

【13】 つぎの文は電動機の特徴である。誤っているものはどれですか。
① 始動・停止等の運転操作や遠隔制御が容易である。
② 騒音・振動が小さい。
③ 構造が簡単で故障が少ない。
④ 三相誘導電動機には，巻線形誘導電動機とかご形誘導電動機がある。
⑤ 三相誘導電動機は，関東（50 Hz）から関西（60 Hz）に移すと回転数は下がる。

答

【14】 つぎは電気方式についての説明である。適切なものを解答群から選び記号で答えなさい。
① 電線3本で三つの負荷に電力供給ができ，電圧はすべて200 V である。
② 3本の電線から100 V と 200 V の電力が取り出せる。
③ 2本の電線から送電され，電圧はすべて100 V である。
解答群：ア 単相2線式　　イ 単相3線式　　ウ 三相3線式

答① ② ③

【15】 電気溶接機について誤っているものを選びなさい。
① 電気溶接機には，直流式と交流式がある。
② 直流式は，アークの安定が良い。
③ 現在は，被覆アーク溶接棒の発達で交流式が広く用いられている。
④ 溶接の電流は，標準で150～500 A である。
⑤ アークからは，強い紫外線が出て有害である。

答

4 水循環

4.1 水の基本的性質

【1】 重力単位である 500 kgf および 50 kgf/m² を SI 単位に換算しなさい。

答

【2】 海水の密度はどれが正しいですか。
① 1.025 g/cm³　② 1 025 g/cm³　③ 1.025 kg/cm³
④ 1.025 g/m³　⑤ 1 025 t/m³

答

【3】 25 ℃の水の粘性係数は $0.890\,2 \times 10^{-3}$ Pa·s で，その密度は 997.04 kg/m³ である。このときの動粘性係数を求めなさい。

答

【4】 水深 10 m の底部の受ける水圧を求めなさい。

答

【5】 図 4.1 において釣り合うためには A にいくらの力 P_1 が作用しているか求めなさい。ただし，A の断面積を 2 m² とし，ピストンの重さは無視する。

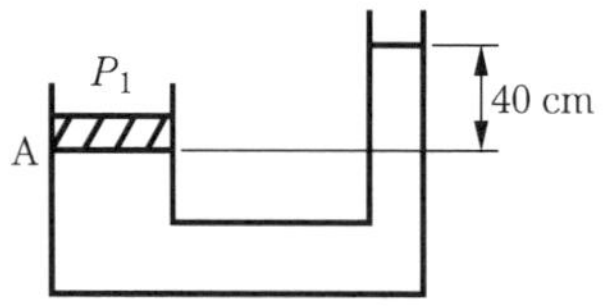

図 4.1

答

【6】 水銀柱 760 mmHg を水柱の高さに換算するといくらになるか求めなさい。ただし，水銀の密度は 13.590 g/cm³ とする。

答

【7】 図 4.2 において，液体として水銀（密度 13 600 kg/m³）を用いたとき，水面差 $H = 10$ cm であった．両管の圧力差を求めなさい．

図 4.2

答 _____

【8】 図 4.3 のようなせき板に作用する全水圧を求めなさい．また，全水圧の作用する位置を求めなさい．

図 4.3

答 _____

【9】 図 4.4 のような法面に作用する幅 1 m 当たりの全水圧を求め，水圧の水平成分および垂直成分について求めなさい．

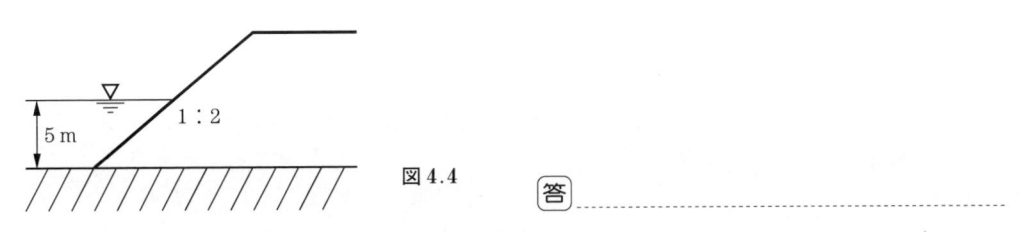

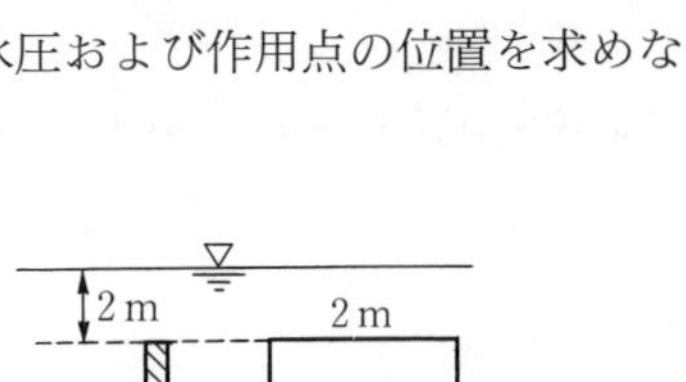

図 4.4

答 _____

【10】 水深 2 m の位置に幅 2 m，高さ 3 m の板を図 4.5 のように配置した．この板に作用する全水圧および作用点の位置を求めなさい．

図 4.5

答 _____

4. 水循環

【11】 図 4.6 のように両側から水圧を受ける場合，この板に作用する全水圧および作用点の位置を求めなさい。ただし，板の幅は 1 m とする。

図 4.6

【12】 図 4.7 のような氷山が海面上に 50 m³ 出て浮いている。氷山の全体積を求めなさい。ただし，氷の比重 0.92，海水の比重 1.025 とする。

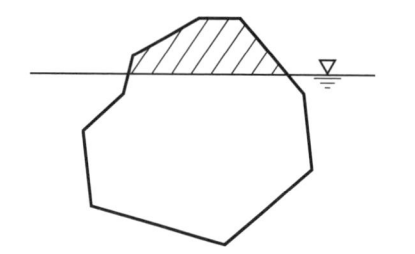

図 4.7

【13】 つぎの文の（　　）に入る適当な語句を答えなさい。

① 水流中の流れの状態について，流量が時間の経過と無関係に一定である流れを（　ア　）といい，時間の経過とともに変化する流れを（　イ　）という。
　　また，流量が時間の経過と無関係で，水路のどの場所でも流積・流量の等しい流れを（　ウ　）といい，場所によってこれらが変る流れを（　エ　）という。

② 流速がごく小さい場合は，水分子はたがいの位置を乱すことなく整然と流れる。この流れを（　オ　）といい，流速が大きくなると，水分子は相互に入り乱れて流れる。この流れを（　カ　）という。

答 ア＿＿＿＿　イ＿＿＿＿　ウ＿＿＿＿
　 エ＿＿＿＿　オ＿＿＿＿　カ＿＿＿＿

【14】 つぎの式はベルヌーイの定理を表したものである。記号の説明が誤っているものはどれですか。

$$Z + \frac{P}{\rho g} + \frac{v^2}{2g} = E = 一定$$

① $\frac{v^2}{2g}$：流速水頭　② $\frac{P}{\rho g}$：圧力水頭　③ Z：損失水頭　④ E：全水頭

答＿＿＿＿

【15】 図 4.8 のようなピトー管で、管内の水位が 8 cm になった。流速を求めなさい。ただし、流速係数は $C = 1.0$ とする。

図 4.8

答

【16】 図 4.9 のような管路で、断面 A の流速を 0.9 m/s、断面 A の内径を 30 cm、断面 B の内径を 15 cm とすると、断面 B の流速はいくらですか。

図 4.9

答

【17】 内径 500 mm の円管の中を平均流速 1.0 m/s で水が流れているときの流量を求めなさい。

答

【18】 動水勾配 1/2 500、径深 8 m、通水面積 100 m²、粗度係数 0.01 のときの流量を求めなさい。ただし、マニングの公式を使うこと。

答

【19】 内径 300 mm の鋳鉄管 200 m の区間に水を流した。損失水頭が 0.5 m のときの流量を求めなさい。ただし、粗度係数は 0.013 とする。

答

【20】 水位差 3 m、距離 100 m の二つの貯水槽がある（図 4.10）。この貯水槽を内径 200 mm の鋳鉄管でつなぎ水を流したい。この場合の流量を求めなさい。ただし流入損失係数 $f_i = 0.5$、流出損失係数 $f_o = 1.0$、粗度係数を 0.013 とする。

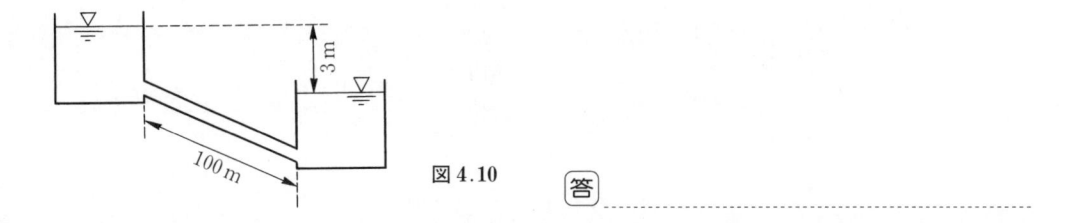

図 4.10

答

4. 水循環

【21】 図 4.11 のような円形断面水路について，流積・潤辺・径深を求めなさい。

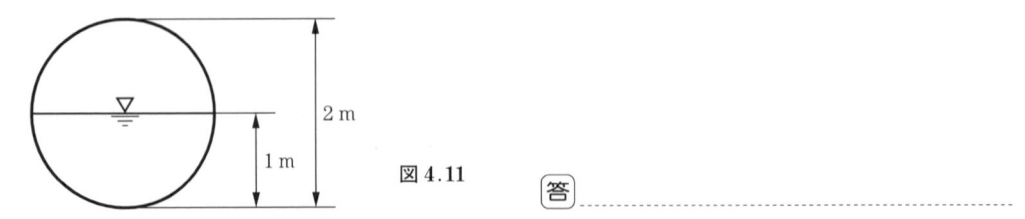

図 4.11

答 _____

【22】 図 4.12 のような台形断面水路に平均流速 3 m/s の水が流れている。流量を求めなさい。

図 4.12

答 _____

【23】 図 4.13 のような長方形水路に流量 20 m³/s の水が流れている。この場合の平均流速を求めなさい。

図 4.13

答 _____

【24】 図 4.14 の水路の潤辺および径深を求めなさい。

図 4.14

答 _____

【25】 河川の断面を図 4.15 のように分割しそれぞれ流速を測定した。全体の流量を求めなさい。

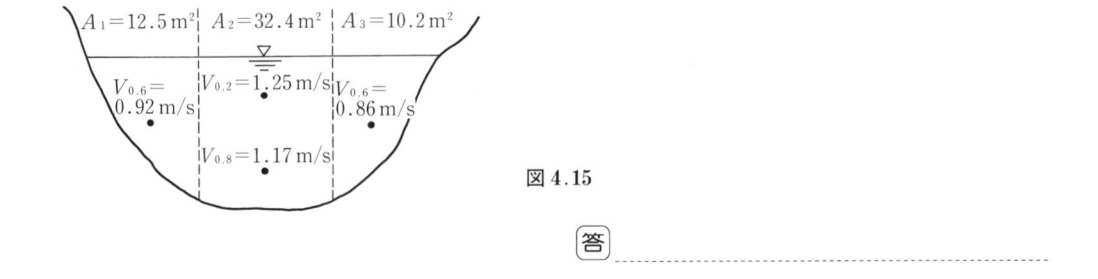

$A_1 = 12.5 \text{ m}^2$, $A_2 = 32.4 \text{ m}^2$, $A_3 = 10.2 \text{ m}^2$

$V_{0.6} = 0.92 \text{ m/s}$, $V_{0.2} = 1.25 \text{ m/s}$, $V_{0.6} = 0.86 \text{ m/s}$

$V_{0.8} = 1.17 \text{ m/s}$

図 4.15

答 _____

【26】 水路幅 5 m の長方形断面水路において，水深 1.0 m で流量 12 m³/s のとき，この流れは常流か射流か判別しなさい。

答

【27】 つぎの文の（　）に入る適当な語句を答えなさい。

せきの越流部分では，水面がだんだん低下して堤頂付近で（ ア ）になり，その水深は（ イ ）になる。この地点から下流は（ ウ ）になり，流速はますます大きくなる。水たたき部分では流れが不連続になり，大きく渦巻き（ エ ）を起こし，水深が大きくなり，（ オ ）で流れる。

答 ア_____ イ_____ ウ_____ エ_____ オ_____

【28】 図 4.16 のような水槽に穴をあけて水を出したい。水の流速を 2 m/s にするには水面からどれだけの位置に穴をあければよいか答えなさい。

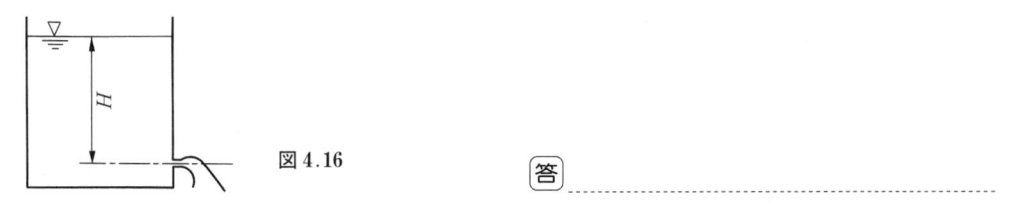

図 4.16

答

【29】 図 4.17 のような水門において，上流側水深は 3.3 m，せきの開き高が 0.5 m のとき，流量を求めなさい。ただし，接近流速は無視し，水門の幅を 3.5 m，流量係数を 0.66 とする。

図 4.17

答

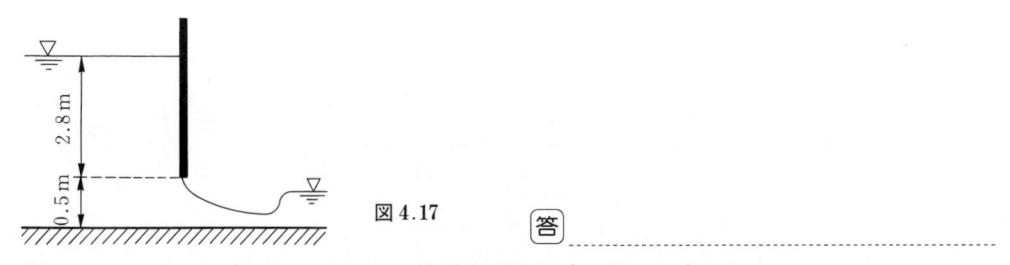

【30】 図 4.18 のような三角ぜきにおいて，流量を JIS 公式を用いて求めなさい。

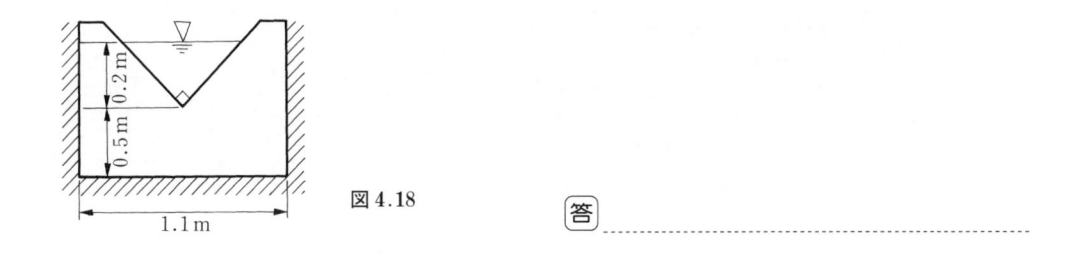

図 4.18

答

4.2 土の基本的性質

【1】 土粒子の大きさとその呼び名について，表 4.1 の空欄に適語を入れなさい。

表 4.1 粒径の区分とその呼び名（日本統一土質分類）

1μm	5μm	74μm	0.42mm	2.0mm	5.0mm	20mm	75mm	30cm
コロイド	（1）	（2）	細砂	粗粒	細礫	中礫	粗礫	コブル	ボルダー
			砂		（3）				
土 質 材 料							岩石質材料		

答（1）＿＿＿＿＿＿　（2）＿＿＿＿＿＿　（3）＿＿＿＿＿＿

【2】 ある試料土について粒土試験を行ったところ砂分 20％，シルト分 10％，粘土分 70％であった。図 4.19 の三角座標から土を分類したとき正しいものを選びなさい。

① 粘 土　② ローム　③ 砂　④ 砂質ローム

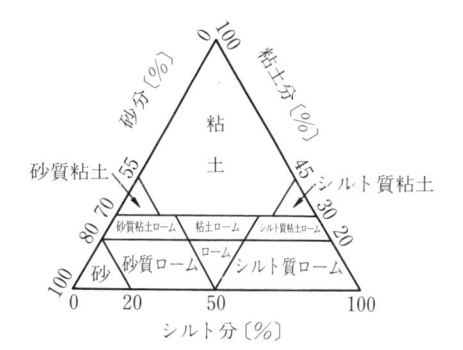

図 4.19

答＿＿＿＿＿＿

【3】 図 4.20 の粒径加積曲線について問いに答えなさい。

ア）③は細かい粒子から粗い粒子まで平均に含んでいるグラフである。グラフ①，②の特徴を表した組合せを選びなさい。

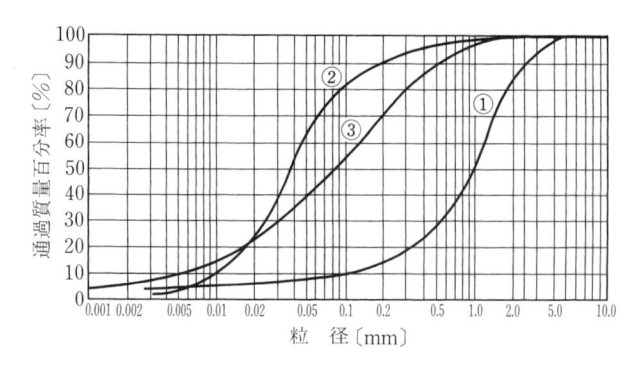

図 4.20

	グラフ①	グラフ②
a)	粗い粒子多い	細かい粒子多い
b)	細かい粒子多い	粗い粒子多い
c)	丸い粒子多い	とがった粒子多い
d)	とがった粒子多い	丸い粒子多い

イ) ③のグラフで示される粒子の有効径 D_{10} と均等係数 U_c を求めなさい。

〖答〗ア) _____ イ) D_{10} _____ U_c _____

【4】 ある土の体積 V と質量 m を測定したところ，$V=220\ \mathrm{cm}^3$，$m=420\ \mathrm{g}$ であった。これを 110 ℃ で 24 時間乾燥させたところ，土の質量が $m_s=370\ \mathrm{g}$ になった。図 4.21 を参考にこの土の含水比，湿潤密度，乾燥密度を求めなさい。

図 4.21 土の構成

〖答〗_____

【5】 (   ) に適語を入れなさい。

① 土は含んでいる水分の多少により状態が変化する。この性質を土の (   ) という。
② 土が液状になる際の最小含水比を (   ) という。
③ 土が塑性体から半固体に移る限界の含水比を (   ) という。
④ 土を乾燥していくと体積は減少していく。そしてその体積の減少がなくなるときの含水比を (   ) という。

〖答〗① _____ ② _____ ③ _____ ④ _____

【6】 ある土試料について，含水比を変化させて締固め試験を行い図 4.22 の締固め曲線を書いた。この土試料の最適含水比 w_{opt} および最大乾燥密度 $\rho_{d\ \max}$ の正しい組合せを選びなさい。

	最適含水比 w_{opt}	最大乾燥密度 $\rho_{d\ \max}$
①	20 %	1.60 g/cm³
②	23 %	1.65 g/cm³
③	25 %	1.61 g/cm³
④	31 %	1.28 g/cm³

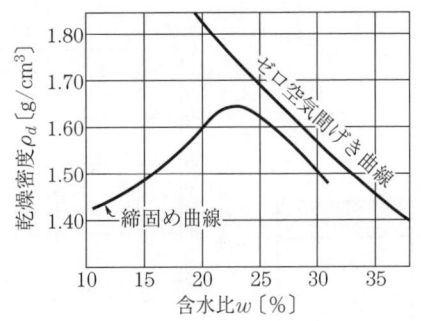

図 4.22

〖答〗_____

【7】 長さ 12 cm, 直径 10 cm の砂質の土試料について定水位透水試験を行った。定水頭を 18 cm にして 10 分間透水したら透水量は 400 cm³ であった。この土試料の透水係数を求めなさい。
① $5.66×10^{-3}$ cm/s ② $4.66×10^{-3}$ cm/s
③ $3.28×10^{-3}$ cm/s ④ $2.86×10^{-3}$ cm/s

答 _____

【8】 土の圧密についての記述で誤りはどれですか。
① 土に荷重がかかると圧縮されて土粒子間の間隔は小さくなり，間隙中に含まれていた水や気体が排出されて体積は減少する。このような変形を圧縮変形という。
② 圧密とは，飽和した状態の土に圧力が継続的に作用して間隙中の水が押し出されて生じる圧縮のことをいう。
③ 砂の場合は間隙が大きいので，荷重が加わると短時間のうちに圧密が終わり沈下量も少ない。
④ シルトや粘土は透水性が大きいので長時間にわたって圧密沈下が続く。

答 _____

【9】 高さ 2 cm の粘性土の供試体に，30 kN/m²の加重を加え圧密させたところ，高さは 1.5 cm になった。体積圧縮係数 m_v を求めなさい。
① $5.3×10^{-3}$ m²/kN ② $7.1×10^{-3}$ m²/kN
③ $8.3×10^{-3}$ m²/kN ④ $9.7×10^{-3}$ m²/kN

答 _____

【10】 上下とも砂層にはさまれた厚さ 8 m の飽和粘土層（図 4.23）が，構造物荷重によって圧密され，最終圧密沈下量が 40 cm と推定されている（図 4.24）。この粘土層の圧密係数 C_v を 40 cm²/日として以下の問いに答えなさい。

ア）この粘土層の最終圧密沈下量の 1/2 の沈下を生じるまでに要する日数を求めなさい。
① 708 日 ② 752 日 ③ 788 日 ④ 813 日

イ）1 年後の粘土層の圧密沈下量を求めなさい。
① 10 cm ② 14 cm ③ 15 cm ④ 19 cm

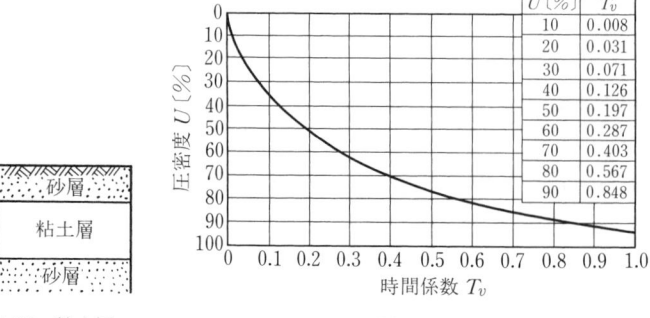

U [%]	T_v
10	0.008
20	0.031
30	0.071
40	0.126
50	0.197
60	0.287
70	0.403
80	0.567
90	0.848

図 4.23 粘土層   図 4.24

答 ア) _____
  イ) _____

【11】 ある粘土層の圧密試験を行ったところ，荷重強度の増加にともなって，間隙比は 2.80 から 1.80 に減少した。はじめの粘土層の厚さを 10 m とすると，最終圧密沈下量を求めなさい。

① 0.24 m　② 1.64 m　③ 2.63 m　④ 4.62 m

答

【12】 図 4.25 はいろいろな土についてクーロンの式を図示したものであるが，(a)〜(c)はどういった性質の土か正しい組合せを選びなさい。

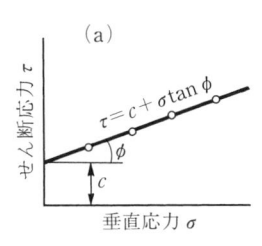

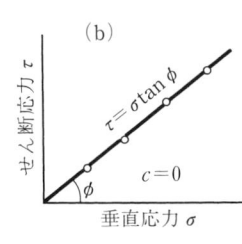

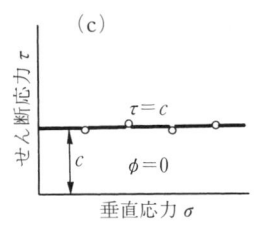

図 4.25　土の種類とせん断強さの特徴

	(a)	(b)	(c)
①	普通の土	乾燥砂	飽和粘土
②	普通の土	飽和粘土	乾燥砂
③	乾燥砂	飽和粘土	普通の土
④	飽和粘土	乾燥砂	普通の土

答

【13】 ある土のせん断強さを調べるためつぎの値を得た。粘着力 c は $10\,\mathrm{kN/m^2}$，垂直応力 σ は $300\,\mathrm{kN/m^2}$，内部摩擦角 ϕ が $30°$ のときのせん断強さ S を求めなさい（$\tan 30° = 0.5774$）。

① $178.4\,\mathrm{kN/m^2}$　② $180.5\,\mathrm{kN/m^2}$　③ $182.8\,\mathrm{kN/m^2}$　④ $183.2\,\mathrm{kN/m^2}$

答

【14】 斜面の土の強度を調べたところ，粘着力 c が $15\,\mathrm{kN/m^2}$，垂直応力 σ は $250\,\mathrm{kN/m^2}$，内部摩擦角 ϕ が $30°$ であった。この斜面の土に，せん断応力 τ が $120\,\mathrm{kN/m^2}$ 作用した。この斜面は安全であるか，調べなさい。

答

4. 水循環

【15】 図4.26のせん断試験の名称の正しい組合せはどれですか。

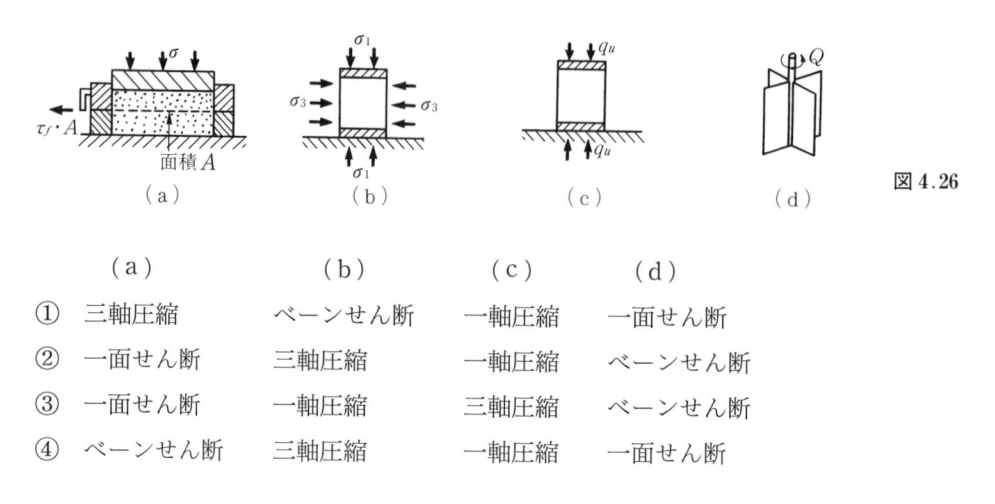

図4.26

	(a)	(b)	(c)	(d)
①	三軸圧縮	ベーンせん断	一軸圧縮	一面せん断
②	一面せん断	三軸圧縮	一軸圧縮	ベーンせん断
③	一面せん断	一軸圧縮	三軸圧縮	ベーンせん断
④	ベーンせん断	三軸圧縮	一軸圧縮	一面せん断

答

【16】 飽和粘土の一軸圧縮試験を行い，一軸圧縮強さ $38\ \mathrm{kN/m^2}$ を得た。飽和粘土の内部摩擦角 ϕ は $0°$ とみなして，この粘土の粘着力 c を求めなさい。

① $15\ \mathrm{kN/m^2}$　② $19\ \mathrm{kN/m^2}$　③ $24\ \mathrm{kN/m^2}$　④ $28\ \mathrm{kN/m^2}$

答

【17】 乱さない飽和粘土の一軸圧縮試験を行い，一軸圧縮強さ $60\ \mathrm{kN/m^2}$ を得た。この粘土を繰り返して一軸圧縮試験を行ったところ，$20\ \mathrm{kN/m^2}$ の一軸圧縮強さとなった。この飽和粘土の鋭敏比 S_t を求めなさい。

① 2　② 3　③ 4　④ 5

答

【18】 土圧に関する記述で誤っているものを選びなさい。

① クーロンの土圧論は，剛体の力学に基づいて提案した土のくさび論である。
② ランキンの土圧論は，塑性理論によって考案した壁体背面の土圧を計算するものである。
③ 壁体が背面の土から離れるように動くときに生じる土圧を受働土圧，壁体が土のほうに向かって動くときに生じる土圧を主働土圧という。
④ 壁体が移動しないときに，土が壁体に及ぼしている圧力を静止土圧といい，その大きさは主働土圧と受働土圧の中間の値である。

答

【19】 高さ 3 m の擁壁に作用する主動土圧 P_A と，作用位置 y を求めなさい。ただし，土の単位重量 18 kN/m³，土圧係数 0.35 とする（図 4.27）。

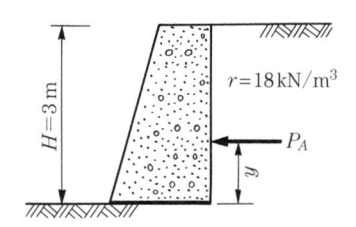

図 4.27

答 _____

【20】 高さ 4 m の擁壁背後の土の表面に，10 kN/m² の等分布荷重 q が載荷している。主動土圧 P_A および作用点の位置 y を擁壁下端より求めなさい。ただし，土の単位重量 17 kN/m³，土圧係数 0.30 とする（図 4.28）。

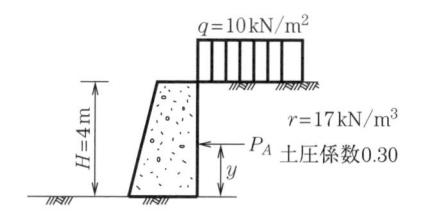

図 4.28

答 _____

【21】 図 4.29 は斜面破壊の種類であるが，それぞれの名称の組合せを選びなさい。

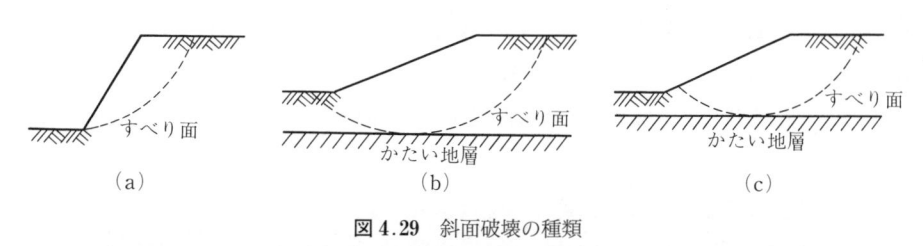

図 4.29 斜面破壊の種類

	(a)	(b)	(c)
①	斜面先破壊	底部破壊	斜面内破壊
②	斜面先破壊	斜面内破壊	底部破壊
③	底部破壊	斜面先破壊	斜面内破壊
④	斜面内破壊	底部破壊	斜面先破壊

答 _____

4.3 農業水利

【1】 面積雨量を求める方法にはどのようなものがあるか，三つ書きなさい。

答① _____ ② _____ ③ _____

【2】 降水について（ ）に解答群より適語を選び入れなさい。

雨として地球上に降る水を（ ① ）と呼び，雨だけでなく，霧や雪などの形で地球上に降る水を含めたものを（ ② ）と呼ぶ。一般にどちらも（ ③ ）単位で表す。

わが国の1年間の平均（ ② ）量は約（ ④ ）（ ③ ）である。

単位時間におけるこれらの量を（ ⑤ ）といい，計算で求めたり，自記雨量計で測定したりする。

解答群

ア 降霜　イ 降雨　ウ 水量　エ 1 700　オ mm　カ 流出率　キ m
ク cm　ケ 降雪　コ 降霧　サ 降水　シ 1 300　ス 750
セ 浸透度　ソ 降雨強度

答① _____ ② _____ ③ _____ ④ _____ ⑤ _____

【3】 河川の水位（水量）について（ ）に解答群より適語を選び入れなさい。

渇水位（量）とは1年のうち（ ア ）日はこれより減少することのない水位（水量）である。1年のうち185日はこれより減少することのない水位（水量）を（ イ ）という。

低水位（量）とは1年のうち（ ウ ）日はこれより減少することのない水位（水量）である。年に1～2回起こる程度の出水時の水位（水量）を（ エ ）という。

これまでの事実か，言い伝えで知り得た最大の水位（水量）を（ オ ）という。

河川のある地点における水位と流量の代表的な数値を1年間にわたって，月日の順で横軸に月日を，縦軸に水位と流量を描いたグラフを水位流量図という。これを基に，最小流量から大きな流量へと順に並べた表を（ カ ）という。

解答群

① 平水位（量）　② 355　③ 流量年表　④ 275　⑤ 95
⑥ 豊水位（量）　⑦ 高水位（量）　⑧ 150　⑨ 流況表
⑩ 最大洪水位（量）

答ア _____ イ _____ ウ _____ エ _____ オ _____ カ _____

4.3 農業水利

【4】 わが国の河川の特徴で間違っているのはどれですか。
① 急勾配で降雨後の出水が早い。
② 河状係数が小さく流量が安定している。
③ 河川の流域面積が小さく，流出率が大きい。
④ 土砂の流出が多く河床が上昇したり，ダムの寿命は土砂の堆積により外国より短い。
⑤ 単位面積当り洪水流量が大きい。

答

【5】 図 4.30 において，かすみ堤，背割り堤，横堤の組合せとして正しいのはどれですか。

	かすみ堤	背割り堤	横 堤
①	A	B	F
②	C	F	B
③	E	A	B
④	C	A	F
⑤	F	D	E

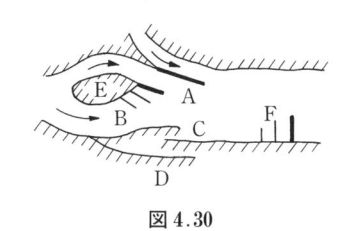

図 4.30

答

【6】 水田における純用水量の算定式として正しいのはどれですか。
① 純用水量＝蒸発散量＋浸透量－有効雨量＋水路内損失水量
② 純用水量＝蒸発散量＋浸透量－有効雨量
③ 純用水量＝蒸発散量＋浸透量
④ 純用水量＝蒸発散量＋浸透量＋有効雨量
⑤ 純用水量＝蒸発散量＋浸透量＋有効雨量＋水路内損失水量

答

【7】 つぎの文は広域の水田水量に関する記述であるが，A～Cに該当するものの組合せとして妥当なものを選びなさい。

広域の水田用水量は（ A ）が行われるため個々の水田の面積と（ B ）を乗じて得られた値の総和よりも（ C ）。

	A	B	C
①	反復利用	減水深	少ない
②	反復利用	減水深	多 い
③	反復利用	粗用水量	多 い
④	輪番かんがい	粗用水量	少ない
⑤	輪番かんがい	粗用水量	多 い

答

【8】 答 ③

【9】 答 ③

【10】 答 ①

【11】 つぎの文は排水に関する記述であるが，文中の A〜E に該当するものの組合せとして妥当なものを選びなさい。

　　排水方式には自然排水と機械排水とがあるが，まず（ A ）排水の可能性を検討しこれが困難な場合にその地区の一部または全部について（ B ）排水を考慮する。同一地区において自然と機械排水の組合せが考えられる場合には，地域内の（ C ）位部を自然排水，（ D ）位部を機械排水とする。なお，機械排水には（ E ）ポンプが一般に用いられる。

	A	B	C	D	E
①	自然	機械	低	高	軸流
②	自然	機械	高	低	軸流
③	自然	機械	低	高	渦巻
④	機械	自然	低	高	軸流
⑤	機械	自然	低	高	渦巻

答

【12】 つぎは排水計画に関する記述である。A〜C に当てはまるものの組合せとして妥当なものはどれですか。

　　水稲の浸水被害が最も大きい時期は，一般に（ A ）で水稲の高さが 30 cm 以上に達している頃で，浸水期間が（ B ）までの被害は比較的軽いが，これを超えると急に大きくなる。そのため，排水計画では，一般に許容たん水深を 30 cm 以下に，これを超える場合は，たん水深時間を（ C ）超えないよう定めている。

	A	B	C
①	出穂期	1〜2 日	48 時間
②	出穂期	3〜4 日	72 時間
③	分げつ期	1〜2 日	24 時間
④	穂ばらみ期	1〜2 日	24 時間
⑤	穂ばらみ期	3〜4 日	72 時間

答

【13】 水の有効利用について，つぎの記述の（ア）〜（エ）に当てはまる語句の正しい組合せはどれですか。

　　私たちが使っている水質源について，ダム建設の適地減少，社会的な問題，生態系への影響，エネルギー源，費用の節約などの面から水の有効利用を考えていかなければならない。生活用水については，水のむだ使いをしないこと。水道管の（ ア ）対策。また水の再利用として下水の再生水，雨水などを水洗トイレなどに使う（ イ ）利用。工場用水については，冷却用水をくり返して使う（ ウ ）の利用。農業用水では，一度使用したかんがい用水を区

域外に排水する前にもう一度ポンプでくみ上げて（　エ　）したり，用水路の改修や（　オ　）にするなどの努力をしている。

	ア	イ	ウ	エ	オ
①	漏水防止	生活用水	回収水	反復利用	土水路
②	漏水防止	雑用水	回収水	反復利用	パイプライン
③	取り替え	生活用水	雑用水	有効利用	土水路
④	取り替え	雑用水	雑用水	有効利用	パイプライン
⑤	漏水防止	雑用水	回収水	反復利用	土水路

答　_____

【14】水質汚濁の程度を表す指標にCOD，BOD，SSなどがあるが，これに関するつぎの記述Ⅰ～Ⅲの（ア），（イ），（ウ）に当てはまる語句を正しく組合わせているものを選びなさい。

Ⅰ．CODとは，水中に存在する（　ア　）を過マンガン酸カルシウムで酸化するときに要する酸素量である。

Ⅱ．BODとは，水中の好気性菌によって（　ア　）が酸化分解されるときに要する（　イ　）である。

Ⅲ．SSは水中に浮遊している（　ウ　）の量である。

	ア	イ	ウ
①	有機物	酸素量	可溶性物質
②	有機物	酸素量	不溶性物質
③	有機物	二酸化炭素量	可溶性物質
④	無機塩	酸素量	可溶性物質
⑤	無機塩	二酸化炭素量	不溶性物質

答　_____

5 測量

5.1 基準点測量・写真測量

【1】測量法で採用されている準拠楕円体の名称として正しいものを選びなさい。
　① ITRF 94　② GRS 80　③ WGS 84　④ ベッセル　答

【2】大地測量とは何か，正しいものを選びなさい。
　① 地球表面の曲率を考慮して行う測量。
　② 地球表面を平面とみなして行う測量。
　③ 半径 10 km 程度の小範囲を対象として行う測量。
　④ 測量法により分類されている測量。　答

【3】表 5.1 は，2 点間の距離を同じ条件で 5 回測定した結果である。最確値とその平均二乗誤差（標準偏差）を求めなさい。

表 5.1

	測定値〔m〕
1回目	150.84
2回目	150.80
3回目	150.86
4回目	150.82
5回目	150.88

答

【4】測量の誤差に関する記述として，正しいものを選びなさい。
　① 定誤差は，原因がわかっているものであるが，測定値を補正することはできない。
　② 不定誤差では，大きい誤差は小さい誤差より多く現れるという法則がある。
　③ 測定条件が同じとき，測定回数に比例して累積していく誤差を過失という。
　④ 測定値の重みは，各測定値の路線長が異なる場合，路線長に反比例する。
答

【5】つぎの文は基準点測量の作業手順を示したものである。正しいものを選びなさい。
　① 計画 → 踏査 → 選点 → 埋標 → 観測 → 計算 → 評価 → 整理
　② 埋標 → 踏査 → 計画 → 選点 → 観測 → 計算 → 整理 → 評価
　③ 埋標 → 踏査 → 観測 → 計画 → 選点 → 整理 → 計算 → 評価
　④ 計画 → 埋標 → 踏査 → 選点 → 観測 → 計算 → 整理 → 評価
答

【6】 縮尺 1/2 500 の国土基本図で，図上の長さが 20 mm であった。現地において何 m になるか求めなさい。

【7】 2点間 A，B の斜距離を鋼巻尺によって測定したら 180.000 m であった。AB 間の高低差は 12.000 m であった。傾斜を補正した距離を求めなさい。

【8】 図 5.1 のような地形において，斜距離 AB＝138.57 m，高低角 $\alpha = 30°$ のとき，水平距離 AC はいくらですか。また，この距離を 1/2 500 の国土基本図で表すと何 cm になるか求めなさい。ただし，$\sqrt{3} = 1.732$ とする。

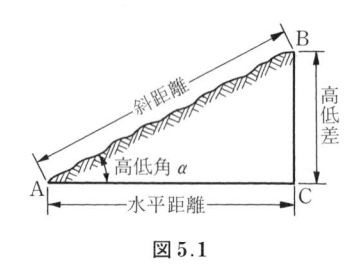

図 5.1

【9】 平坦な2点間の距離を 30 m の巻尺で測定したところ 90.00 m であった。しかし，この巻尺は 30 m につき 3 cm 短いことがわかった。2点間の正しい距離を求めなさい。
① 89.91 m ② 89.94 m ③ 89.97 m ④ 90.03 m ⑤ 90.09 m

【10】 つぎの文は平板測量に関するものである。間違っているものはどれか選びなさい。
① 平板測量は，狭い地域での平面図作成に適した測量である。
② 平板を測点上に正しくすえつける作業を標定という。
③ 標定の3条件は整準・致心・定位である。このうち致心のズレが誤差にもっとも大きく影響する。
④ 道線法は，平板測量の骨組測量として一般的に用いられる方法である。
⑤ 放射法は，平板測量の細部測量として一般的に用いられる方法である。

【11】 つぎの文は，アリダードが備えていなければならない条件を述べたものである。間違っているものはどれか選びなさい。

① 気泡管軸は定規の底面に平行であること。
② 定規縁は視準面に平行であること。
③ 両視準板はともに定規の底面に垂直であること。
④ 視準面は定規の底面に直交すること。
⑤ 前視準板の1目盛（1分画）は前視準板の長さの1/100であること。

答

【12】 つぎの文は，トータルステーションおよびデータ処理システムを用いる細部測量について述べたものである。間違っているものはどれか選びなさい。

① トータルステーションおよびデータ処理システムを用いる細部測量では，取得した地形，地物のデータを基に，CADソフトを活用して地形図等を作成する。
② 平板を用いた細部測量と比較して測定距離が長くとれるので，一つの基準点から，より多くの地形，地物を測定することができる。
③ 地形，地物の水平位置および標高の測定には，主として前方交会法が用いられる。
④ 電子平板をトータルステーションに接続することにより瞬時に細部測量ができるとともに，作成した図面は数値データとして幅広く利用することができる。

（実教出版「測量」．p.91 章末問題5より一部を出典）

答

【13】 平板測量で閉合トラバースを測量したところ図面上の寸法で閉合誤差が1.6 cmあった（図5.2）。E点の調整値を求めなさい。

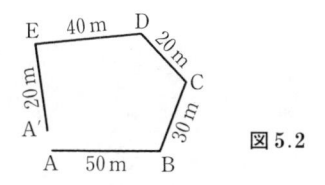

図5.2

答

【14】 アリダードによるスタジア測量において，A点に平板をすえてB点に立てた上下間隔2 mの目標板を視準したところ，上が+18分画，下が+14分画であった。AB間の水平距離を求めなさい。

答

【15】 つぎのGNSS測量について述べた文で，明らかに間違っているものはどれか選びなさい。

① GNSSとは，人工衛星を用いた衛星測位システムの総称であり，世界でGPS，GLONASS，ガリレオなどが運用されている。
② GNSS測量には，単独測位法と相対測位法がある。
③ GNSS測量の基線解析を行うには，測位衛星の軌道情報が必要である。
④ 公共測量のGNSS測量において基線ベクトルを得るためには，最低3機の測位衛星からの電波を受信する。
⑤ GNSS測量の誤差には，おもに受信に関する時計誤差とマルチパスがある。

答

【16】 つぎの文は，GNSS測量機を用いた細部測量について述べたものである。明らかに間違っているものはどれか選びなさい。（平成18年測量士補国家試験問題4-Cから転載）

① 既知点からの視通がなくても位置を求めることができる。
② 標高を求める場合はジオイド高を補正して求める。
③ 霧や弱い雨にはほとんど影響されずに観測することができる。
④ 上空視界を確保できない場所でも観測することができる。

答

【17】 図5.3は，トランシットの軸，線などの関係を示したものである。$H =$ 水平軸，$V =$ 鉛直軸，$C =$ 視準線，$L =$ 気泡管軸とすれば，つぎの関係式のうち正しくないのはどれですか。
ただし $\perp$ は直交を表す。

① $L \perp V$
② $H \perp V$
③ $C \perp H$
④ $H \perp L$

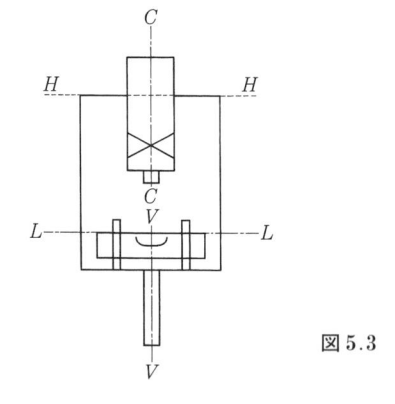

図5.3

答

【18】 トータルステーションを用いて鉛直角を観測し表5.2の結果を得た。点A，Bの高低角および高度定数の較差を求めなさい。

表5.2

望遠鏡	視準点	鉛直角観測地
r	A	33° 19′ 28″
l		326° 40′ 36″
l	B	289° 24′ 48″
r		70° 35′ 14″

答

【19】 トータルステーションを用いてある水平角を2対回観測し表5.3の結果を得た。この観測結果から求められる水平角の最確値はいくらか計算しなさい。

表5.3

目盛	望遠鏡	番号	視準点	観測角
0°	r	1	高山	0°00′30″
		2	（1）	129°15′55″
	l	2		309°15′49″
		1		180°00′29″
90°	l	1		270°00′30″
		2		39°16′05″
	r	2		219°16′03″
		1		90°00′35″

答

【20】 トランシットによる角測定において，正・反観測値を平均しても消去できない誤差はどれか選びなさい。

① 視準線が鉛直軸からズレているために生じる誤差。
② 目盛盤の中心が鉛直軸上にないために生じる誤差。
③ 目盛盤の目盛間隔が均等でないために生じる誤差。
④ 水平軸が鉛直軸に直交していないために生じる誤差。
⑤ 視準線が水平軸に直交していないために生じる誤差。

答

【21】 図5.4の各測線の方位角を求めなさい。

測線	方　位　角
AB	
BC	
CA	

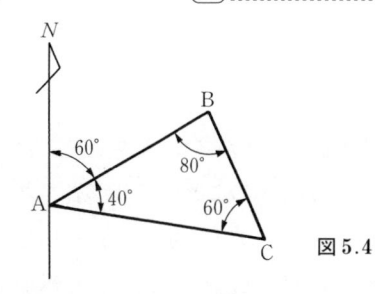

図5.4

答

【22】 閉合トラバース測量において，緯距の誤差20 cm，経距の誤差15 cmであった。全測線長が800 mのとき，このトラバース測量の精度を求めなさい。

答

【23】 AB 2点間の距離を鋼巻尺で測定したところ 40.000 m を得た。測定時の温度が 20 ℃，鋼巻尺の標準温度が 15 ℃のとき，AB 間の測定距離に対する温度補正量はいくらか求めなさい。ただし，鋼巻尺の膨張係数は 0.000 01 m/℃とする。

答

【24】 つぎの文は，標高，楕円体高およびジオイド高の関係について述べたものです。図 5.5 を参考にして（ ア ）～（ オ ）に入る語句を答えなさい。

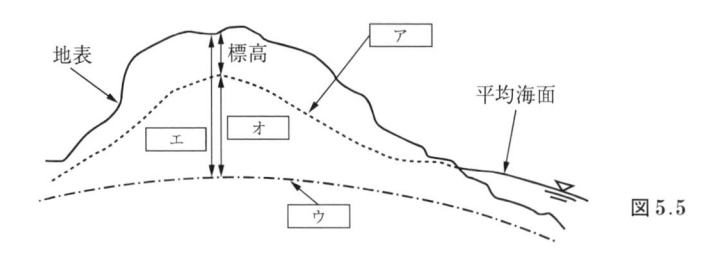

図 5.5

地球表面の大部分を覆っている海面は，常に形を変えている。その平均的な状態を陸地内部まで延長した仮想の面を（ ア ）といい，標高は（ ア ）から地表までの距離である。
（ ア ）は，地球内部の質量の不均質などにより凹凸があるため，測量では（ ア ）を幾何学的に近似した（ イ ）を定めて地理学的経緯度の測定に関する測量の基準としている。この（ イ ）を（ ウ ）という。
GNSS 測量で標高を求めるためは，（ ウ ）から地表までの距離である（ エ ）に，（ ウ ）から（ ア ）までの距離である（ オ ）を補正する必要がある。
（平成 20 年測量士補国家試験問題 2-A から転載）

答 ア　　　　　　イ　　　　　　ウ　　　　　　エ　　　　　　オ

【25】 つぎの文は，水準測量における誤差について述べたものである。前視，後視の視準距離を等しくすることにより消去できる誤差はどれか選びなさい。
　① 球差，気差による誤差　② 視差による誤差　③ 標尺の沈下による誤差
　④ 目盛の不正による誤差　⑤ 標尺の傾きによる誤差

答

【26】 チルチングレベルの主気泡管の感度を求めるため，はじめに気泡を正しく合致させ 60 m 離れた標尺の読み 1.465 m を得た。つぎにレベルを傾けて目盛を読み 1.492 m を得た。このときの気泡のずれを図 5.6 に示すとおりとすれば，主気泡管の感度はいくらか，つぎの中から選びなさい。ただし，$\rho'' = 2 \times 10^5$ とする。
　① 20″/2 mm　② 30″/2 mm　③ 40″/2 mm
　④ 50″/2 mm　⑤ 60″/2 mm

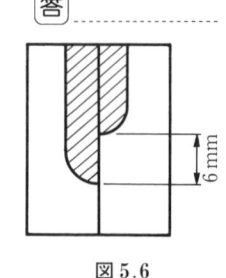

図 5.6

答

【27】 図 5.7 はレベルの杭打ち調整法の説明図である。A・B 点に立てた標尺を視準し，C 点で a_1，b_1 を，D 点で a_2，b_2 を読み取ってつぎの値を得た。

$a_1 = 0.889$　　$b_1 = 1.280$　　$a_2 = 1.980$　　$b_2 = 2.389$

このレベルを調整するには D 点での B 標尺の読みをいくらにすればよいか，つぎの中から選びなさい。

① 1.960 m
② 2.259 m
③ 2.369 m
④ 2.380 m
⑤ 2.409 m

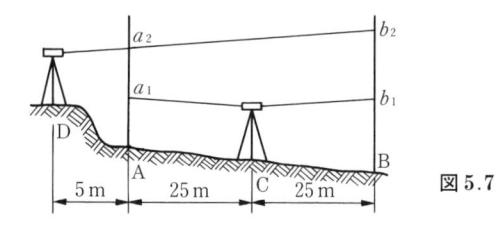

㊉　③ 2.369 m

【28】 図 5.8 のように交互水準測量を行った結果 $a_1 = 1.846$ m，$a_2 = 3.682$ m，$b_1 = 0.982$ m，$b_2 = 2.822$ m であった。A 点の標高を 10.350 m とするとき，B 点の標高を求めなさい。

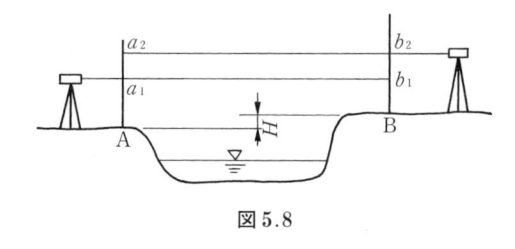

㊉　11.212 m

【29】 水準点 A，B において，標準的公共測量作業規程に基づいて，図に示す二級水準測量を行い**表 5.4** の結果を得た。再測を必要とするのはどこの区間か答えなさい。ただし，S を片道の距離〔km〕とし，往復の許容範囲を $5\sqrt{S}$〔mm〕とする。

表 5.4

	片道の距離〔m〕	往観測の高低差〔m〕	復観測の高低差〔m〕
水準点 A　～固定点（1）	810	+1.652	−1.649
固定点（1）～固定点（2）	490	−2.358	+2.362
固定点（2）～水準点 B	1 440	+0.598	−0.603

㊉　固定点（1）～固定点（2）

【30】 図5.9のように水準点Pを新設するために，既知点A，B，C間で水準測量を行い表5.5の結果を得た。水準点Pの標高の最確値はいくらか計算しなさい。

既知点Aの標高　　$H_A = 20.000$ m
既知点Bの標高　　$H_B = 30.000$ m
既知点Cの標高　　$H_C = 40.000$ m

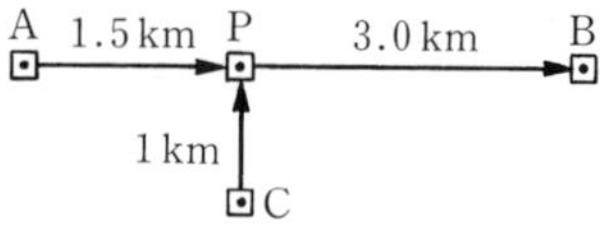

図5.9

表5.5

路　線	観測比高〔m〕
A→P	+ 8.356
P→B	+ 1.673
C→P	−11.666

答

【31】 焦点距離25 cmで高度3 000 mで撮影した鉛直写真の大きさが5 cm×5 cmの平らな農地の実際の面積は何haか，つぎの中から選びなさい。

① 3.6 ha　② 16 ha　③ 30 ha　④ 36 ha　⑤ 360 ha

答

【32】 画面距離15 cm，画面の大きさ23 cm×23 cmのカメラを用いて，平坦な土地を撮影した鉛直写真上において主点基線長を測定したら90 mmであった。オーバーラップはいくらか選びなさい。

① 56 %　② 58 %　③ 61 %　④ 63 %　⑤ 65 %

答

【33】 画面距離15 cmの航空カメラを用いて海抜高度2 500 mで撮影した鉛直写真上に，長さ960 mの橋が写っている。橋の長さを写真上で測定したところ6.0 cmであった。この橋の海面からの高さはいくらですか。

① 50 m　② 75 m　③ 100 m　④ 150 m　⑤ 200 m

答

【34】 平坦な土地を撮影した縮尺12 000分の1の鉛直写真上に，長さ6 mmで写っている高塔の高さは何mですか。ただし，鉛直点から高塔先端までの写真上の距離は90 mm，航空カメラの画面距離は15 cmとする。

答

【35】 画面距離 150 mm，画面の大きさ 23 cm×23 cm の航空カメラを用いて，標高 200 m の平坦な土地を鉛直空中写真で撮影し，この空中写真の密着印画をつくった。この写真上に写っている A 点と B 点の距離を測定したら長さは 125 mm であり，また縮尺 25 000 分の 1 地形図上では 100 mm であった。この鉛直空中写真の平均海面からの撮影高度は何 m ですか。

答 _____

【36】 つぎの文は，人工衛星からのリモートセンシングについて述べたものである。間違っているものはどれか選びなさい。

① リモートセンシングの観測方法には，各種のカメラによる画像（写真）方式とマルチスキャナや合成開口レーダ（SAR）などによる走査方式がある。

② アメリカのランドサット衛星に搭載された初期の光学センサ（MSS）の地上分解能は 80 m 程度であったが，最近では 1 m 程度の光学センサを持つ衛星も打ち上げられている。

③ フランスのスポット衛星のようにステレオ画像が取得できる場合は，それを用いて標高データを取得し等高線の描画が可能である。

④ ランドサット衛星やスポット衛星は高度約 40 000 km の静止軌道上を周回している。

⑤ リモートセンシングの技術は，農林業・漁業・環境・気象・土地利用・地質などの調査に利用されている。また，衛星画像データは地理情報システム（GIS）と組み合わせて利用されている。

答 _____

【37】 つぎの文はディジタルマッピングの手順を示したものである。作業の順序として正しいものを選びなさい。

① 作業計画 ⟶ 原図作成 ⟶ 対空標識の設置 ⟶ 撮影 ⟶ 数地図化

② 対空標識の設置 ⟶ 作業計画 ⟶ 撮影 ⟶ 数地図化 ⟶ 原図作成

③ 作業計画 ⟶ 対空標識の設置 ⟶ 撮影 ⟶ 数地図化 ⟶ 原図作成

④ 作業計画 ⟶ 対空標識の設置 ⟶ 数地図化 ⟶ 撮影 ⟶ 原図作成

答 _____

【38】 つぎの文は，地理情報システム（GIS）の機能および扱う代表的なデータの特徴について述べたものである。明らかに間違っているものはどれか選びなさい。

① GIS の機能の一つに，さまざまな情報を持つレイヤを重ね合わせて，さまざまな目的の地図を作成できる機能がある。

② GIS の機能の一つに，地図の任意部分の切り出し機能がある。

③ ベクタデータは点，線，面を表現でき，それぞれ属性を付加することができる。

④ 航空写真やスキャナを用いて取得した画像データは，一般にベクタデータである。

⑤ ラスタデータは，一定の大きさの画素を配列して位置や形状を表すデータ形式である。

（平成 16 年測量士補国家試験問題 6-D から転載）

答 _____

5.2 応 用 測 量

【1】 図5.10は道路新設における路線測量の作業工程である。（1）～（5）に入る作業名を答えなさい。

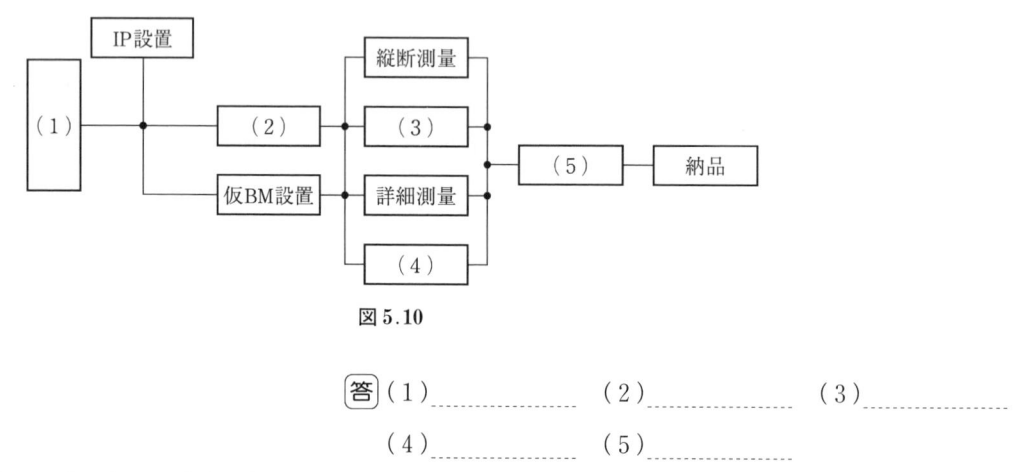

図5.10

答 （1）＿＿＿＿ （2）＿＿＿＿ （3）＿＿＿＿
（4）＿＿＿＿ （5）＿＿＿＿

【2】 つぎの文は，道路の縦断測量について述べたものである。（ 1 ）～（ 5 ）に入る語句を解答群から選び答えなさい。

縦断測量とは道路の中心線を通る鉛直面の（ 1 ）を作成する作業である。（ 1 ）の作成に当たり役杭および（ 2 ）の標高と地盤高中心線上の（ 3 ）の地盤高，中心線上の主要構造物の標高を測定する。

平地における縦断測量は，仮BMまたはこれと同等以上の水準点に基づき（ 4 ）水準測量によって行う。また，（ 3 ）と主要構造物については（ 5 ）からの距離を測定して位置を決定する。

解答群：横断図面　縦断図面　中心杭　引照点杭　地形変化点　2級　3級
　　　　4級　中心点　引照点

答 （1）＿＿＿＿ （2）＿＿＿＿ （3）＿＿＿＿
（4）＿＿＿＿ （5）＿＿＿＿

【3】 単曲線において交角 $I=60°$，半径 $R=400$ m のときの曲線長 $C.L.$ および接線長 $T.L.$ を求めなさい。

答 ＿＿＿＿＿＿＿＿＿＿＿＿＿＿＿

5.2 応用測量

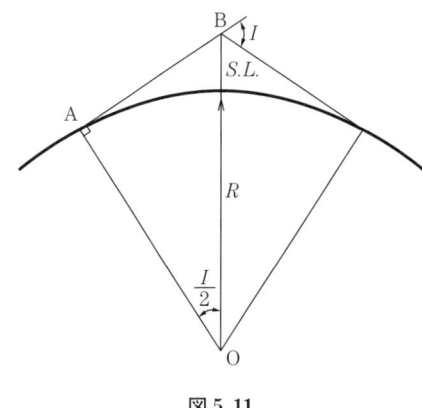

【4】 図 5.11 の単曲線において交角 $I = 60°$，外線長 $S.L. = 23.21$ m のとき，この単曲線の半径 R を求めなさい。

図 5.11

答

【5】 境界点 A，B，C を結ぶ直線で囲まれた三角形の土地の測量を行い，表 5.6 に示す座標値を得た。この土地の面積を求めなさい。

表 5.6

	x 〔m〕	y 〔m〕
A	+10.000	+10.000
B	+42.000	+25.000
C	+21.000	+39.000

答

【6】 図 5.12 のような切土面の断面積を求めなさい。

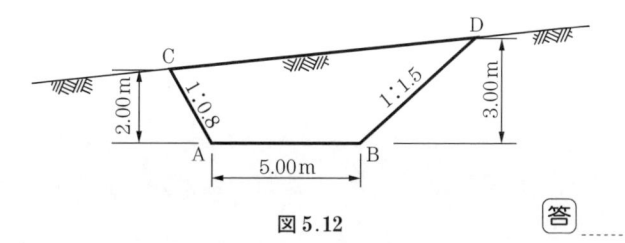

図 5.12

答

【7】 五角形の面積 ABCDE を同じ面積の土地にするため，直線 ED の延長線上に D′ を設け，四角形 ABD′E の土地をつくった（図 5.13）。DD′ 間の距離を求めなさい。ただし，CD = 50 m，∠BDC = 30°，∠BDE = 120° とする。

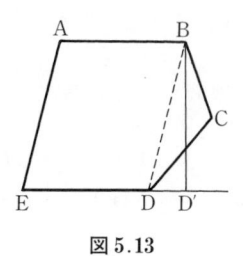

図 5.13

答

5. 測量

【8】 図 5.14 に示すように，測点 No.5 と No.6 の横断面図から切土および盛土の土量を求めなさい。ただし，両点間の距離は 20 m とする。

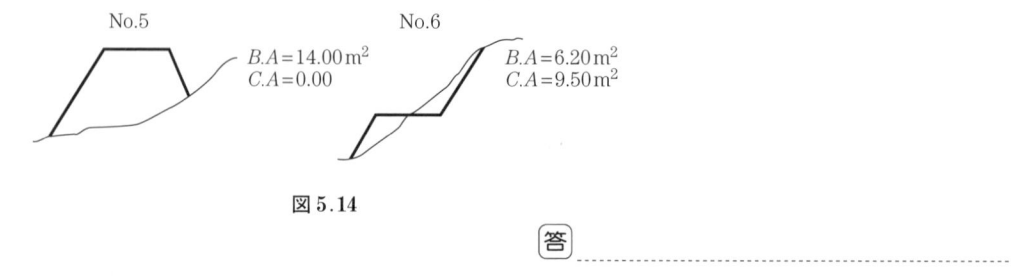

No.5　　$B.A = 14.00 \text{ m}^2$　　$C.A = 0.00$

No.6　　$B.A = 6.20 \text{ m}^2$　　$C.A = 9.50 \text{ m}^2$

図 5.14

答

【9】 図 5.15 のような造成地において，切土と盛土の土量を等しくした土地にするには地盤高をいくらにすればよいか求めなさい。

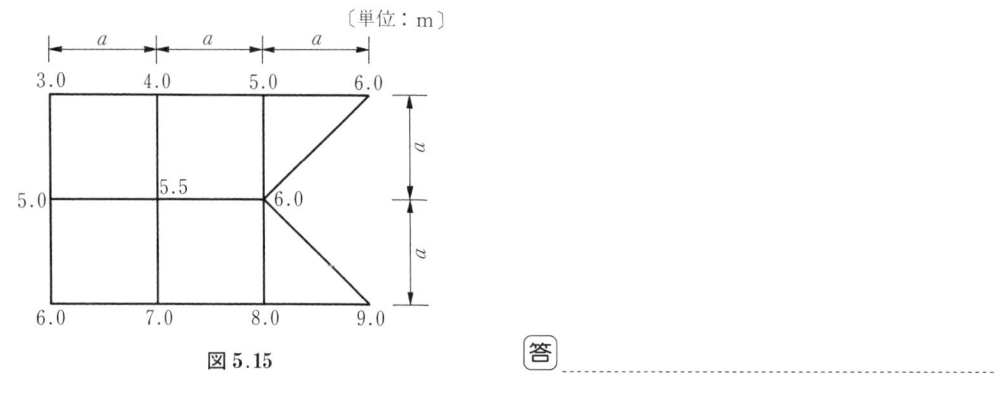

〔単位：m〕

3.0　　4.0　　5.0　　6.0

5.0　　5.5　　6.0

6.0　　7.0　　8.0　　9.0

図 5.15

答

【10】 つぎの文は河川測量について述べたものである。（　　）に該当する語句や数値を入れなさい。

① 距離標測量は，（ 1 ）に直角方向，両岸の堤防法肩，または法尻に距離標の設置とその標高を測定する作業をいう。

距離標設置間隔は，河口または河心の（ 2 ）に設けた起点から河心に沿って（ 3 ）m を標準として設置する。

設置の精度は（ 4 ）および（ 5 ）により行う。

② 縦断測量とは，左右両岸の距離標高および地盤高を測量するとともに，堤防高および既設構造物等の高さを測定し（ 6 ）を作成する作業をいう。

③ 横断測量とは，（ 7 ）を基準として見通し線上の高低差を測定する作業をいう。

④ 法線測量とは，河川または海岸における築造物の法線を（ 8 ）に基づき現地に設置する作業をいう。

⑤ 深浅測量とは，河川，ダム，湖沼または海岸の調査において，（ 9 ）を知るために水深を測定し，横断面図または（ 10 ）を作成する作業をいう。測深は水面から水底までの（ 11 ）を測定する作業をいう。

⑥　汀線測量とは，基準水面と海浜との（　12　）を決定し汀線図を描き，海浜陸部の地形を測定する作業をいう。

答（1）_____　（2）_____　（3）_____　（4）_____
　（5）_____　（6）_____　（7）_____　（8）_____
　（9）_____　（10）_____　（11）_____　（12）_____

【11】　図 5.16 は河川の横断面を示したものである。この河川は河床幅 10 m，両岸に向って法勾配 2：1 の断面を持ち，断面 B における水深は一定で 8 m である。この河川において平均流速を計測し，表 5.7 の結果を得た。この横断面における流量を求めなさい。

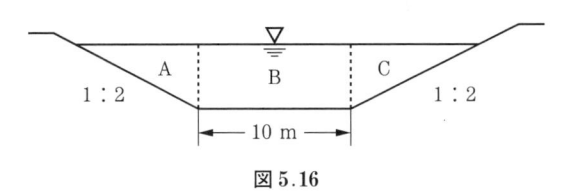

図 5.16

表 5.7

	断面 A〔m/s〕	断面 B〔m/s〕	断面 C〔m/s〕
平均流速	10.0	15.0	8.0

答　断面A・C の面積 = (1/2)(16)(8) = 64 m²，断面B の面積 = 10×8 = 80 m²
$Q = 64 \times 10.0 + 80 \times 15.0 + 64 \times 8.0 = 640 + 1200 + 512 = 2352 \text{ m}^3/\text{s}$

【12】　水深 2 m の河川を 20 cm ごとの間隔で流速測定を行い，表 5.8 のような結果を得た。1 点法，2 点法，3 点法で平均流速を求めなさい。

表 5.8

水深〔m〕	0.2	0.4	0.6	0.8	1.0	1.2	1.4	1.6	1.8
流速〔m/s〕	0.2	0.4	0.6	0.7	0.9	1.1	1.2	1.0	0.9

答　1点法：$v_{0.6} = 1.1$ m/s
2点法：$(v_{0.2} + v_{0.8})/2 = (0.4 + 1.0)/2 = 0.7$ m/s
3点法：$(v_{0.2} + 2v_{0.6} + v_{0.8})/4 = (0.4 + 2 \times 1.1 + 1.0)/4 = 0.9$ m/s

6 社会基盤工学

6.1 交通と運輸

【1】 人口30万人以上の都市を対象に，およそ10年に1度の割合で行われ，人の1日の一連の移動の様子（出発地から到着地まで）をとらえた調査を何といいますか。

答 _____

【2】 「広げて楽に新聞が読める」状態は，混雑率何%を示していますか。

答 _____

【3】 交通状況の四段階推計法について，下記の文が示す予測名を選びなさい。
　　ゾーンから出発する交通がどのゾーンへ行くか，また，入ってくる交通はどのゾーンから来るのかを予測する。
　　a　分担交通量　　b　集中交通量　　c　配分交通量　　d　分布交通量

答 _____

【4】 道路区分において，高速道および自動車専用道における，都市部の道路は第何種の道路区分になりますか。
　　①　第1種　　②　第2種　　③　第3種　　④　第4種　　⑤　第5種

答 _____

【5】 道路（高速道路を除く）の縦断勾配が何%を超える車道には，必要に応じて登坂車線を設けますか。
　　①　3%　　②　5%　　③　8%　　④　10%　　⑤　15%

答 _____

【6】 つぎの文のうちATS（自動列車停止装置）を説明しているのはどれですか。
　　①　先行列車と後続列車の間隔などに応じて自動的に減速したり，それを解除する装置。
　　②　列車が停止信号の手前一定距離に達すると警報が鳴り，必要な制御操作を知らせる装置。
　　③　各駅から送られてくる情報を基に，中央制御室で列車運行を遠隔操作するシステム。

答 _____

6.1 交通と運輸

【7】 わが国の新幹線の軌間はつぎのうちどれですか。
　　① 1.067 m　② 1.345 m　③ 1.435 m　④ 1.534 m　⑤ 1.607 m

答 _____

【8】 鉄道の曲線部において，列車の遠心力を防ぐための内側レールと外側レールの高低差を何といいますか。
　　① レムニスケート　② スラック　③ バンド　④ カント　⑤ 片勾配

答 _____

【9】 鉄道でA駅の標高が24.6 m，水平距離でA駅から，5 km離れたB駅の標高が－17.9 mであるとき，勾配を計算しなさい。ただし，傾斜は一様とする。

答 _____

【10】 港湾の種類について（　　）に適語を入れなさい。

　港湾法によれば，国内外の海上輸送網の拠点となる港，国の利害に重大な関係を有するものを（ ① ）といい，全国で100余港ある。そのうち特に重要な港を（ ② ）としていたが，国際海上輸送網の拠点として特に重要なものを政令により（ ③ ）と名称変更し，全国18の港が指定された。さらに，国際競争力の強化を図ることを目的に全国5港を最上位ランクの（ ④ ）として位置づけている。

　漁港法による分類では，利用範囲が地元の漁業を主とするものを（ ⑤ ）とし，利用範囲が全国的なものを（ ⑥ ），そのうち漁業振興において特に重要なものを（ ⑦ ）という。

答 ①_____　②_____　③_____　④_____
　 ⑤_____　⑥_____　⑦_____

【11】 つぎの港湾の施設のうち，外郭施設に属さないものはどれですか。
　　① 防波堤　② 導流堤　③ 護岸　④ シーバース　⑤ 防砂堤

答 _____

【12】 つぎのうち，シーバースに関係しないものはどれですか。
　　① タンカー　② マリーナ　③ ドルフィン　④ 荷役桟橋　⑤ 浮標

答 _____

6. 社会基盤工学

【13】 空港の種類について（　）に適語を入れなさい。

空港は「空港法」により，国際航空輸送網，国内航空輸送網の拠点となる（　①　）空港（旧第一種，旧第二種空港）と国際航空輸送網，国内航空輸送網を形成する上で重要な役割を持つ（　②　）空港（旧第三種空港）に分類される。（　①　）のうち特定の会社が設置し管理する空港を（　③　）空港といい全国で成田や関西等4か所ある。その他，国が管理する国管理空港や規定により地方公共団体が管理している特定地方管理空港などがある。また，（　②　）空港も地方公共団体が管理している空港である。

答① _____ ② _____ ③ _____

【14】 旅客の乗降，荷物の積卸しなどを行う施設はつぎのうちどれですか。
① ターミナルビル　② アクセス施設　③ 誘導施設　④ 旅客施設
⑤ エプロン

答 _____

【15】 大型ジェット機が離着陸するための滑走路の長さは何m程度と決められていますか。
① 1 000 m　② 1 500 m　③ 2 000 m　④ 2 500 m　⑤ 5 000 m

答 _____

【16】 図6.1の都市鉄道の分類について（　）に適語を入れなさい。

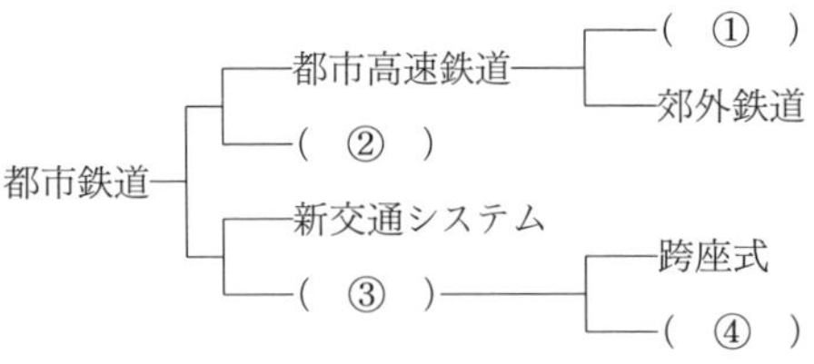

```
              ┌─都市高速鉄道─┬─（ ① ）
              │              └─郊外鉄道
都市鉄道──┤（ ② ）
              │
              └─新交通システム─┬─跨座式
                                ├─（ ③ ）
                                └─（ ④ ）
```
図6.1

答①_____
②_____
③_____
④_____

【17】 自動車から排出される汚染物質で，NO_x，SO_x で示される物質は何か書きなさい。

答 NO_x _____　SO_x _____

【18】 駅や道路などの公共施設は，どこでも，誰でも，自由に使いやすいことが求められています。このようなことから作成され，平成18年12月に施行された法律を何といいますか。

答 _____

6.2 治水・利水

【1】 土石流について（　）に適語を入れなさい。

土石流とは（ ① ）と（ ② ）が混合して河川や渓流を流下する現象で，発生には（ ① ），（ ② ）の他に15°～20°の（ ③ ）という要素が必要である。

答① _____ ② _____ ③ _____

【2】 図6.2の河川堤防の各部の名称を書きなさい。

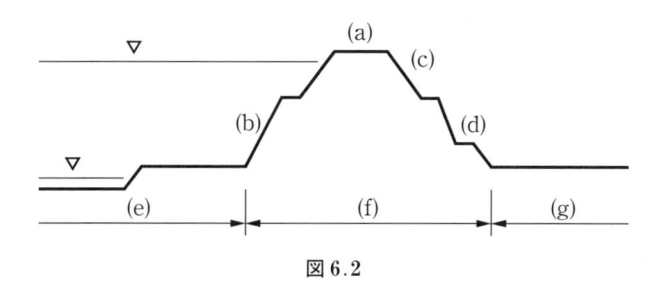

図6.2

答 a _____ b _____ c _____ d _____
　　e _____ f _____ g _____

【3】 流域における洪水流出抑制施設について（　）に適語を入れなさい。

都市河川流域における洪水流出抑制施設については（ ① ）と（ ② ）がある。このうち（ ① ）には大規模な団地造成など，広大な地域を開発するときは，洪水を調節するための貯水池（防災調整池）を作ることが義務づけられている。このような施設を設けて洪水を貯留することを（ ③ ）貯留といい，これに対して比較的狭い範囲に降った雨をその場にためるかたちの貯留方法を（ ④ ）貯留という。

答① _____ ② _____ ③ _____ ④ _____

【4】 つぎのうち，山腹階段工に該当しないものはどれですか。
① かや筋工　② そだ伏せ工　③ 杭さく工
④ 積み苗工　⑤ 石積み工　　　　　　　答 _____

【5】 つぎのうち，渓流の河床を安定させる工事に該当しないものはどれですか。
① ダム工　② 法枠工　③ 護岸工
④ 水制工　⑤ 流路工　　　　　　　　　答 _____

【6】 つぎのうち，地すべり対策工事として最も適しているものはどれですか。
① 擁壁工　② 植栽工　③ 法枠工
④ 流路工　⑤ 水路工　　　　　　　　　答 _____

【7】 つぎのうち，海岸を保全するための工事として適していないものはどれですか。
① 防砂堤　② 導流堤　③ かすみ堤
④ 防風林　⑤ 防波堤　　　　　　　　　　　　　答

【8】 防波堤の計画において，港口を決めるうえで考慮しなければならない事項のうち該当しないものはどれですか。
① 位置　② 水温　③ 水深　④ 波　⑤ 漂砂
　　　　　　　　　　　　　　　　　　　　　　　答

【9】 防波堤のうち，下部が捨石で上部にケーソンまたはコンクリートブロックをのせた構造のものを何といいますか。
① 捨石防波堤　② 防潮堤　③ 直立防波堤
④ 混成防波堤　⑤ 離岸堤　　　　　　　　　　　答

【10】 波の静かな海岸にするために，沖合いの海面下に天端高が広い構造物を築造して，砕波を起こさせるものを何といいますか。
① 養浜工　② 緩傾斜堤　③ 人工リーフ工
④ セルラーブロック　⑤ トンボロ　　　　　　　答

【11】 私たちが使う水は大別すると図6.3の通りになる。（　　）に適語を入れなさい。

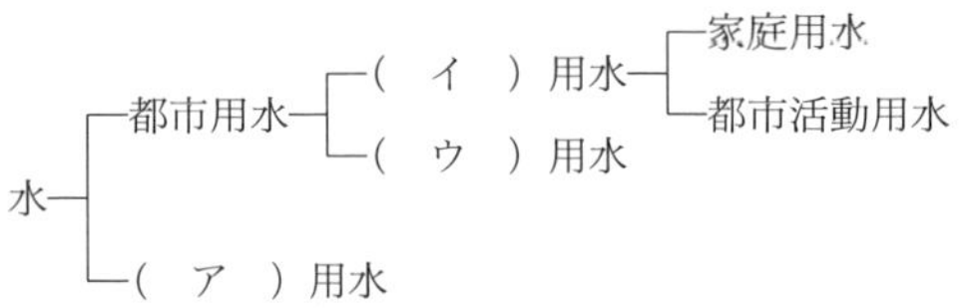

```
水 ─┬─ 都市用水 ─┬─ （ イ ）用水 ─┬─ 家庭用水
    │            │                └─ 都市活動用水
    │            └─ （ ウ ）用水
    └─ （ ア ）用水
```
図6.3

これらのうち，最も使用量が多いのは（　ア　）であり，年間約550億m³である。次いで多いのは（　イ　）で，（　ウ　）の順となる。

答 ア　　　　　イ　　　　　ウ

【12】 つぎのうち，頭首工の施設に該当しないものはどれですか。
① 遮水壁　② 固定堰　③ 沈砂池
④ ゲート　⑤ 余水吐き　　　　　　　　　　　　答

【13】 つぎのうち，水力発電の方式に該当しないものはどれですか。
① 水路式　② ダム式　③ 河川式
④ ダム水路式　⑤ 揚水式　　　　　　　　　　　答

【14】 有効落差100mのところで1台の発電力4万kWを得るには，使用水量はいくらにすればよいですか。合成効率は85%とする。
① 24 m³/s　② 240 m³/s　③ 48 m³/s
④ 480 m³/s　⑤ 96 m³/s　　　　　　　　　　　答

6.2 治水・利水

【15】 図6.4のダムの分類について、（　）に該当するダムの種類を書きなさい。

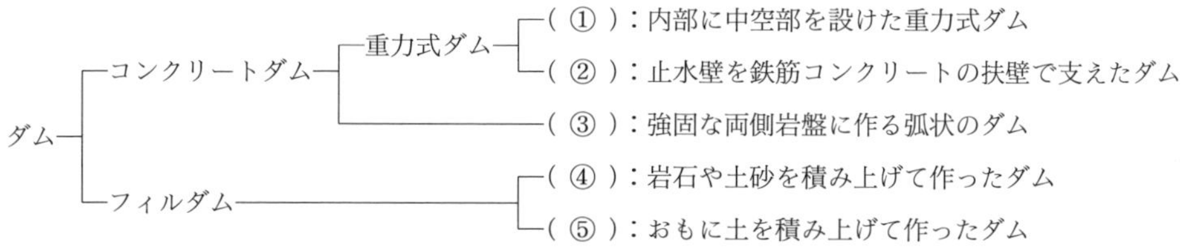

```
                                  ┌─（①）：内部に中空部を設けた重力式ダム
              ┌コンクリートダム─┬重力式ダム─┤
              │                                  └─（②）：止水壁を鉄筋コンクリートの扶壁で支えたダム
ダム─┤                    └─（③）：強固な両側岩盤に作る弧状のダム
              │                    ┌─（④）：岩石や土砂を積み上げて作ったダム
              └フィルダム──────┤
                                   └─（⑤）：おもに土を積み上げて作ったダム
```

図6.4

[答] ① ＿＿＿＿ダム　② ＿＿＿＿ダム　③ ＿＿＿＿ダム
　　　④ ＿＿＿＿ダム　⑤ ＿＿＿＿ダム

【16】 上水道の構成の順序として正しいのはどれですか。

① 取水→導水→浄水→送水→配水→給水
② 取水→導水→浄水→配水→送水→給水
③ 取水→送水→導水→浄水→配水→給水
④ 導水→送水→浄水→配水→給水→取水
⑤ 導水→取水→給水→浄水→送水→配水

[答] ＿＿＿＿

【17】 上水道における各種施設の計画の際に用いる計画給水量をいずれも正しく示しているものはどれですか。

	沈殿池	ろ過池	配水管
①	日平均給水量	日最大給水量	日平均給水量
②	日最大給水量	日最大給水量	時間最大給水量
③	日平均給水量	日平均給水量	日平均給水量
④	日最大給水量	日平均給水量	時間最大給水量
⑤	日最大給水量	日平均給水量	日平均給水量

[答] ＿＿＿＿

【18】 活性汚泥法による下水処理方法の流れを示した（　）の中に入る正しい組合せはどれですか。

下水→（ ア ）→最初沈殿地→（ イ ）→（ ウ ）→消毒池→放流

	ア	イ	ウ
①	スクリーン	沈砂池	エアレーションタンク
②	スクリーン	最終沈殿池	エアレーションタンク
③	沈砂池	エアレーションタンク	最終沈殿池
④	沈砂池	スクリーン	最終沈殿池
⑤	最終沈殿池	エアレーションタンク	沈砂池

[答] ＿＿＿＿

【19】 ある都市の面積は，6 000 km²であり，年間の平均降水量は 90 億 m³，蒸発散量はその 20 % である。この地方の年平均降水量と蒸発散量を mm で示しなさい。

答 _____

【20】 ある都市の年平均降水量は 1 800 mm で年平均蒸発散量は 600 mm である。この都市の面積が 400 km²のとき，水資源賦存量（m³/年）を求めなさい。

答 _____

6.3 社会基盤システム

【1】 街づくりを進めるうえで，定められた各地区の名称を解答群から選びなさい。

ア） 市街地の整備，改善を図る目的で，建築物の高さ，容積を別の基準で定めた地区。

イ） 「おもむき，あじわい」という意味で都市内外の自然美を維持，保存するために指定された地区で，新規に建てる建築物の大きさ，高さなどについて地方自治体の許可が必要だったり，伐採，埋立て等に制限のある地区。

ウ） 街並みなど，建築物を主体とした景色を維持するために指定された地区。2005 年に制定された法律により現在は廃止された。これらの指定地区は，現在はエ）の地区として引き継がれている。

エ） 2005 年に制定された法律によりウ）を引き継ぐ形で設定された。周囲の建築物や自然景観との調和を図り，建築物の高さの制限，敷地面積の制限等により良好な景観をつくり出す地区。

解答群
a 文教地区　　b 風致地区　　c 景観地区　　d 環境保全地区
e 特定街区　　f 美観地区　　g 高度地区　　h 防災指定地区

答 ア_____ イ_____ ウ_____ エ_____

【2】 都市計画において，約 10 年間は市街化を抑制する地域で，農地が多く，ここでの開発は大幅に制限されている。この地域を何といいますか。

答 _____

【3】 都市開発において，道路，公園，河川等の公共施設を整備，改善し，土地の区画をととのえ宅地の利用の推進を図る事業を何といいますか。

答 _____

【4】 都市開発において，公共施設用地が不十分な場合，土地所有者から少しずつ土地を提供してもらい用地に当てることを何といいますか。

答 _____

【5】 循環型社会を目指すために，資源を有効に活用したり，できるだけ環境に負担をかけないようにするために進める行為を三つ書きなさい。

答 _____ , _____ , _____

【6】 土木事業を実施する場合，環境の悪化を未然に防ぐために，開発が環境にもたらす負荷を事前に予測，評価し，その対策を施すことを何といいますか。

答 _____

【7】 都市公園について表6.1に適語を入れなさい。

表6.1

種 別	摘　　要
街区公園	誘致距離 250 m，1か所当たりの面積 0.25 ha
①	誘致距離 500 m，1か所当たりの面積 2 ha
②	誘致距離 1 000 m，1か所当たりの面積 4 ha
③	1か所当たりの面積 10～50 ha
運動公園	1か所当たりの面積 15～75 ha

答 ① _____
② _____
③ _____

【8】 廃棄物について（　　）に適語や数値を入れなさい。

廃棄物は大きく（ ① ）と（ ② ）に区分される。（ ① ）のおもなものはごみとし尿である。（ ② ）は事業活動によって生じた廃棄物のうち法律で定められたのものをいい，これ以外は（ ① ）となる。

答 ① _____ ② _____

【9】 災害などの危険区域，避難場所，避難経路等を示した防災用の地図を何といいますか。

答 _____

【10】 敷地面積270 m²の土地に1階の床面積80 m²，2階の床面積75 m²の建築面積をもつ2階建ての家を建てたい。建ぺい率と，容積率を求めなさい。

答 建ぺい率 _____ 容積率 _____

7 農業と環境・情報

7.1 農業と環境

【1】 地球規模の環境問題について該当しないものはどれですか。
①　オゾン層の破壊　　②　酸性雨　　③　地球温暖化
④　光化学スモッグ　　⑤　砂漠化

答

【2】 オゾン層の破壊に対処するための国際条約として適当なものはどれですか。
①　バーゼル条約　　②　ウィーン条約　　③　気候変動枠組条約
④　ラムサール条約　　⑤　ワシントン条約

答

【3】 森林の生態系に関する記述として妥当でないものはどれですか。
①　わが国の森林の植生帯は，常緑広葉樹林帯，落葉広葉樹林帯，常緑針葉樹林帯，高山帯がある。
②　森林の階層構造は，高木層，中木層，低木層，草本層からなる。
③　自然林の場合，物質循環は森林内でほぼ完結している。
④　植物群落の極相は陰樹林である。
⑤　森林とその外にあるマント群落やソデ群落は森林を乾燥などから守っている。

答

【4】 生態系と食物連鎖に関する記述として妥当でないものはどれですか。
①　さまざまな生物の集団とそれを取り巻く環境との間で相互作用が営まれている。これらを一つのまとまりとしてとらえたものが生態系である。
②　光合成により有機物をつくっている植物は生産者とよばれる。
③　生物間には食う食われるという関係が存在し，これを食物連鎖という。
④　動物は有機物を食物として摂取して成長しているので摂取者とよばれる。
⑤　分解者は動物の遺体や植物の枯死体などを栄養源とする生物で，有機物を無機物に分解している。

答

【5】 生態系の種類と特徴に関する記述として妥当でないものはどれですか。
①　自然の生態系では，生物が環境と相互作用を行って環境を変え，変化した環境に適した

生物が生き残っていく。
② 湖沼や河川の生態系は系全体が均質になりやすく，環境条件の変化を受けやすい。
③ 遷移の初期は，生息する生物の成長は早いが小型で，生物的・化学的な多様性に乏しく，汚染の浄化力は小さく，生態系の安定性が低いことが多い。
④ 遷移の後期は，生息する生物の成長は遅いが大型で，生物的・化学的な多様性に富み，汚染の浄化力は大きく，生態系の安定性が高いことが多い。
⑤ スギやヒノキなどの人工林などでは，生産しようとする苗木の成長を妨害する雑草や獣などの生物を排除し，遷移が先に進むように，人間の手が加えられている。

答

【6】森林の多面的機能に関する記述として妥当でないものはどれですか。
① 生物多様性保全　② 地球環境保全　③ 水源かん養
④ 酸性雨防止　　　⑤ 物質生産

答

【7】河川・水辺の環境に関する記述として妥当でないものはどれですか。
① 河川における食物連鎖や物質循環により，森林と海はたがいに関連しており，森林からは海に有機物を運び，魚貝類の豊富な海をつくる。
② 家庭や農耕地からの排水に含まれる栄養塩類などが河川や海に流入することで水質が富栄養化すると，養分が豊富になり魚類などの水生生物が多くなる。
③ 河原では，ゆるやかに変化する環境に合わせて多様な植生がみられる。このように異なる環境が混ざり合う場所をエコトーンという。
④ 河川や湖沼の水辺林はシカやキツネなど動物たちの移動経路となっている。このような生物の生息地をつなぐ経路をコリドーという。
⑤ 池や湖沼の水の浅い沿岸帯には，沈水植物，浮標植物，浮葉植物，抽水植物が生育し，その間に魚類や甲殻類，昆虫や鳥類など多様な種の生物が住んでいる。

答

【8】農耕地の生態系に関する記述として妥当でないものはどれですか。
① 畑地の土壌は大気と接しているため土壌中に空気が入り，酸素に富んでいる。
② 好気性微生物は，土壌中に残っている根や茎などの有機物を分解し，緑色植物の養分に変えている。
③ 水田は，湛水時には，空気と土壌が遮断され，土壌中に空気が入らなくなる。このため好気性微生物が土壌中で活動する。
④ 水田に施された窒素肥料中のアンモニアは，硝化菌によって酸化され硝酸となる。
⑤ 土中の硝酸は嫌気性微生物によって窒素ガスに変化し，空気中に放出される。

答

7．農業と環境・情報

【9】 日本の河川に関する記述として妥当でないものはどれですか。
① 日本は山地が多く地形が複雑なため，河川の流域面積は一般的に大きい。
② 河川の上流では，勾配が急で，流れの勢いが強いため，流れによって川岸や川底が削られ，土砂や石が下流に運ばれる。
③ 河川の下流では，勾配が緩いため流れが遅くなり，運ばれてきた土砂は川底や河原にたまる。
④ 河川は浅くて流れの速い瀬と，深くて流れの遅い淵に区分される。
⑤ 瀬は特に流れの速い早瀬とそれほど速くない平瀬に区分される。

【10】 水循環と物質の移動に関する記述として妥当でないものはどれですか。
① 上流域の森林には透水性のよい森林土壌があるので，雨水の大部分はいったん地中にしみ込み，地中を浸透して河川にわき出す。
② 下流域では，雨や雪などの降水に加えて，上流からの河川水と地下水が水資源として利用される。
③ 上流域の森林から流れる水は，森林土壌を通過してきているため，窒素成分やリン酸成分を多く含んでいる。
④ 農耕地のうち水田で使われた水は，再び水路に戻され，繰り返し利用される。
⑤ 下流の河川・湖沼で窒素成分やリン酸成分が増加すると，プランクトンが異常発生し，沿岸の海水域では水面が赤色に着色して見える赤潮が発生する。

【11】 環境保全型農業の特徴に関する記述として妥当でないものはどれですか。
① 化学肥料や農薬や石油エネルギーを大量に用いることで，高品位の農産物を安定して生産することを目指す。
② 土づくりや家畜ふん尿などの有機質資源のリサイクルをする。
③ 土壌診断に基づく施肥や土壌の生物的緩衝能を利用することで，病害虫の急激な発生を防いだりする。
④ 防除には輪作など耕種的防除法や天敵生物などの自然制御機能を活用する。
⑤ 環境の保全と農業の生産性を調和させながら持続できる農業である。

【12】 都市の緑地に関する記述として妥当でないものはどれですか。
① 公園や個人の庭など点在する多くの緑地を整備し，それらを河川・河川敷・水路・道路などでつないで連続したネットワーク状の緑地をつくりだす。
② 土地に加えられた人間の影響の度合いによって植生を10のランクで評価したものを自然度といい，最も自然性の低い市街地が1となっている。

③ 都市緑地にはヒートアイランド現象を助長する作用がある。
④ 都市緑地には，ストレスを軽減し，人々の暮らしにうるおいを与え，生活環境の快適さをもたらすアメニティ維持機能がある。
⑤ 公園・緑道・グラウンドは，体を動かしたり，散歩や憩いの場として都市の人々に欠かすことのできない空間である。

答　　　　　

【13】温室効果ガスのうち温暖化への寄与のいちばん大きなものはどれですか。
① 二酸化炭素　② フロン類　③ メタン
④ 亜酸化窒素　⑤ その他

答　　　　　

【14】リサイクル推進のための法的なしくみに該当しないものはどれですか。
① グリーン購入法　② 食品リサイクル法　③ 工業製品リサイクル法
④ 家電リサイクル法　⑤ 容器包装リサイクル法

答　　　　　

【15】土壌の保水性に関する記述として妥当でないものはつぎのうちどれですか。
① 有効水分とは植物が吸収可能な土壌水のことである。有効水分は，圃場容水量から永久しおれ点までの土壌水を指す。
② 有効水を保持できる比較的小さな土粒子間の隙間の量を有効水孔隙量という。
③ pFとは，水が土壌に吸着されている強さを水柱の高さ（cm）の常用対数で表した数値である。
④ 圃場容水量は，畑土壌が重力に抗して保持できる最大の水分量で，pFは1.5である。
⑤ 永久しおれ点は，植物がしおれて回復不能な水分状態で，pFは3.8である。

答　　　　　

【16】水田の保全に関する記述として妥当でないものはどれですか。
① 水田の用排水路を分離しコンクリート化をすれば生物もすみやすくなり，生物の多様性が保全される。
② 水田の保全では水田の環境整備とともにそれを取り巻く水路，ため池などで生物が生活する環境をととのえて，それらのつながりをつくることが大切である。
③ 用排水路は流域における河川のように水田の生態系をつなぐ重要な役割を果たせるよう魚道などを設置する。
④ 畦畔は人による踏みつけや草刈りなど人の攪乱に適応した植物でその景観がつくられるとともに，生物の移動経路やすみかともなる。
⑤ 耕作放棄田は適切な管理を行えば希少種を含む多様な生物の保全地となる。

答

【17】 河川の環境整備に関する記述として妥当でないものはどれですか。
① 上流域では森林が茂り，河川には流れの速い瀬もあれば，深い淵もある。浸食作用・運搬作用が活発なため，川底はV字型で砂れきのたい積は少ない。
② 上流では強い水流に耐えられる植物しか生育できないため，高木と亜高木でできた特有の植生が見られる。
③ 中流域になり河川が平地に出ると，勾配が緩やかになり，砂れきがたい積して扇状地になる。
④ 下流では湿地帯やワンドなどのように，本流とは違い，水の流れのほとんどない場所があるため，ヨシなどの植物が繁茂する。
⑤ 河口域では潮位の変動が大きい。干潮時には干潟になり，満潮時には海水が侵入する。流れはさらにゆっくりになる。浸食作用は小さく，たい積作用のほうが大きくなる。

答

【18】 水質の調査に関する記述として妥当でないものはどれですか。
① 水のにごりの程度を調べるには，透視度計を用いる。透視度計に徐々に水を入れながら上からのぞいて，底の二重十字がはっきり識別できなくなるときの深さで，にごりの程度を表す。
② phは溶液の酸性・アルカリ性の強さを示す尺度で，水素イオン濃度を使って表される。
③ DO：水に溶け込んだ酸素のことをいう。有機物の濃度が高い汚れた水では分解に酸素を必要とするのでこの値は高い。
④ COD：化学的酸素要求量とは，水中の有機物を化学的に酸化分解するのに必要な酸素量をいう。
⑤ BOD：生物化学的酸素要求量とは，水中の好気性微生物によって消費される酸素量をいう。

答

【19】 土および肥料に関するつぎの記述のうち，適当なものを選びなさい。
① 土の団粒構造が発達すると，土は柔らかくなり水と空気が適度に保たれ，作物根の伸長を促すことになる。
② 稲わら家畜の糞尿などの有機肥料は速効性肥料であり，畑で追肥として作物の根元に施用する。
③ 畑土壌は水田土壌と比べて土の浸食が起きにくく，養分の天然配給量が多い。
④ 水田と畑の土はその構造が全く異なるので，水田を畑として利用する場合，土をすべて入れ換えなければならない。

⑤ 肥料を2種類以上混ぜて施用すると，各々の成分のもつ効果が落ちるので，一般に単肥として施用する。

答

【20】作物と肥料に関するつぎの記述のうち，不適当なものを選びなさい。
① 窒素・リン酸・カリウムならびにカルシウムは，作物にとって重要な要素であり，これらを肥料の4要素という。
② イネは水田という条件のため，ランソウ類が空気中の窒素を固定し，無窒素でもかなりの収量がある。
③ サツマイモは土中の窒素を吸収する根の力が強いので，無肥料でも十分な収量がある。
④ クローバは根粒細菌により空中窒素を固定するので，窒素質肥料は必要がない。
⑤ イネのリン酸の吸収量は，窒素やカリウムよりかなり多く，養分としては重要なものである。

答

【21】イネの栽培で中干しを行った効果はつぎのうちどれですか。
① 分げつ促進，冷水害の回避，もんがれ病の防除。
② 無効分げつの抑制，根への酸素供給，肥料養分の有効化。
③ 雑草の抑制，いもち病の防除，品質の向上。
④ 窒素の有効化，害虫の防除，秋落ち現象の防止。
⑤ 耐干性の増加，収穫時期の早め，出穂時期を一斉にする。

答

【22】下記の事項に関する記述について妥当でないものはどれですか。
① 都市農業は新鮮な農産物を供給するだけでなく，農業体験の場の提供や災害に備えたオープンスペースの確保，潤いや安らぎを与えてくれる緑地空間を提供するなどの役割を果たしている。
② グリーンツーリズムとは農山漁村地域などに長く滞在し，農林漁業体験やその地域の自然や文化に触れ，地元の人々との交流を楽しむ余暇活動をいう。
③ 観光農園は都市住民などが小さな農地を借りて，花や野菜などの栽培を楽しむ農園のことである。
④ 農産物直売所（直売所）は生産者が消費者に直接販売する施設である。
⑤ 集落営農は1集落，あるいは数集落を単位として営農活動を行い，土地の集積や機械・施設の共同利用，計画的・効率的な生産を進め，加工・販売をとおした経営の多角化や高収益作物の導入などに取り組む営農形態である。

答

7.2 情報

【1】つぎの文中の（　　）に，最も適する語句を解答群から選び記号で答えなさい。

　ネットワークでの不正アクセスを防ぐ方法として，正規の利用者（　①　）かどうかを検証する作業が行われる。この作業を認証といい，利用者の個人識別用符号（　②　）と（　③　）の入力を求められる基本的な認証や，利用者（　②　）や（　③　）の認証情報を暗号化して送受信する暗号化認証と，個人の生体特徴を使った（　④　）認証・声紋認証・虹彩認証・（　⑤　）認証などの生体認証がある。

　認証の他に他人にデータを読まれない技術として暗号化がある。これは，インターネットなどを通じて文書ファイルや画像データなどを送受信するさいに送信中に他人がデータを盗み見たり，（　⑥　）したりしないように決められたルールに従ってデータを変更する方法である。データの暗号化と元の文書（平文）に戻すこと（　⑦　）には暗号表に当たる「鍵」を使うが，暗号化には公開鍵，復号には（　⑧　）鍵，という一対の鍵を使う公開鍵暗号方式と，どちらにも同じ鍵を用いる（　⑧　）鍵暗号方式とがある。

解答群　ア　秘密　　イ　復号　　ウ　指紋　　エ　パスワード　　オ　改ざん
　　　　カ　顔貌　　キ　ID　　ク　ユーザ

答 ①＿＿＿　②＿＿＿　③＿＿＿　④＿＿＿
　 ⑤＿＿＿　⑥＿＿＿　⑦＿＿＿　⑧＿＿＿

【2】つぎの文中の（　　）に，最も適する語句を解答群から選び記号で答えなさい。

　電子メール（以後，メールとする）は，一般的に（　①　）とよばれるプログラムを利用して，文字情報や画像・映像の送受信や管理などを行う。（　①　）でメールを送受信するためには送信メールサーバや受信メールサーバの（　②　）や受信メールサーバに登録する（　③　），（　④　）などの項目を，あらかじめ（　①　）に設定する必要がある。一方，（　⑤　）を通じてメールを利用するWebメールもある。

　メールは，（　⑥　）性（返信可能），受取人が不在でも送信可能，あまり安全でないなどの点で手紙やはがきに似ている。一方，距離や時間の制限がない，同時に複数の相手に送信可能であるなどといった手紙やはがきと異なる側面もある。

解答群
ア　多方向　　イ　一方向　　ウ　ブラウザ　　エ　パスワード　　オ　ユーザ名
カ　IPアドレス　　キ　メーラ　　ク　アカウント

答 ①＿＿＿　②＿＿＿　③＿＿＿　④＿＿＿　⑤＿＿＿　⑥＿＿＿

【3】 つぎの文中の（　　）に，最も適する語句を解答群から選び記号で答えなさい。

　プログラム開発を効率的に行うためにプログラムを小機能単位に分割することを（ ① ）化という。

　プログラム設計では，詳細な（ ② ）をもとに開発システムのプログラムの構成や機能を記述する。また，プログラムを機能別に分割した各（ ① ）とその目的，データ構造，プログラム言語，処理状況などをあきらかにしたうえで，プログラム（ ③ ）にまとめる。プログラミングするうえで，問題を解く手順や手順を定式化した形で表現したものを（ ④ ）という。（ ④ ）は文章で表現するとあいまいになるため，（ ⑤ ）で標準化された流れ図記号を使用して（ ⑥ ）で表現する。

解答群
ア　アルゴリズム　　イ　JIS　　ウ　フローチャート　　エ　モジュール
オ　設計書　　カ　仕様書

答① ＿＿＿　② ＿＿＿　③ ＿＿＿　④ ＿＿＿　⑤ ＿＿＿　⑥ ＿＿＿

【4】 つぎの文はコンピュータのしくみについて述べたものである。（　　）の中に入る語句を解答群から選び番号で答えなさい。

　コンピュータは，（ ア ）やフレキシブルディスク（フロッピーディスク）装置から入力した（ イ ）やデータを記憶装置に記憶する。（ ウ ）装置は，あらかじめ記憶しているプログラムの命令を一つずつ取り出し，（ エ ）して各装置に指示を与える。また，演算装置は四則演算や（ オ ）などの処理を行う。記憶装置に記憶されている内容は，表示装置や（ カ ）などによって表示されたり印字されたりする。

解答群
① 出力　② プリンタ　③ 比較・判断　④ 解読　⑤ キーボード
⑥ 制御　⑦ 補助記憶装置　⑧ 計算　⑨ プログラム　⑩ 入力

答ア ＿＿＿　イ ＿＿＿　ウ ＿＿＿　エ ＿＿＿　オ ＿＿＿　カ ＿＿＿

【5】 つぎの文の（　　）内に入る適当な語句を解答群から選び番号で答えなさい。

　ア　ノートブック型パソコンで使われている表示装置で，薄くて省電力が特徴のものを（　　）という。

　イ　プラスチックで包まれた金属薄膜の円盤で，読み出し専用の記憶媒体を（　　）という。

ウ 記憶装置は処理装置内部にある（　　　）と，外部にある（　　　）がある。後者にはフロッピーディスク装置や硬い金属製の円盤を複数枚重ねて，高速な読み書きと大容量の記憶ができる（　　　）などが，パソコンの（　　　）として利用されている。

エ 文書の作成，編集，保存などの機能のみを専用に行うことのできるコンピュータを（　　　）という。

オ 大量のデータを高速で処理する機能を持ち，幅広い範囲の処理に対応できるように設計されているコンピュータを（　　　）という。

解答群
① 磁気テープ　② CD-ROM　③ ワードプロセッサ
④ 主記憶装置　⑤ CRTディスプレイ　⑥ 補助記憶装置
⑦ ハードディスク装置　⑧ パーソナルコンピュータ　⑨ LSI
⑩ 汎用コンピュータ　⑪ 液晶ディスプレイ

答　ア_____　イ_____　ウ_____　エ_____　オ_____

【6】図7.1のようなフローチャートに従って計算するとき印刷されるMの値はいくらですか。

① 12
② 13
③ 14
④ 15
⑤ 16

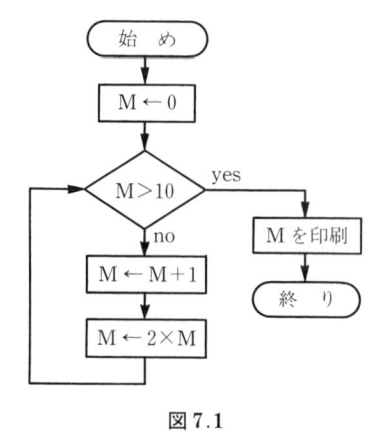

図7.1

答_____

【7】つぎの文中の（　）に，最も適する語句を解答群から選び記号で答えなさい。

コンピュータとコンピュータをつなぐネットワークとして，（ア）や（イ）がある。
（ア）は一つの建物や敷地内など範囲が限られるため，通信事業者の回線は利用されない。そのため，データベースやプリンタが共有されるなど大変効率的なうえ，安価で設置することができる。（イ）は日本国内のみならず，世界中と通信できる広域のネットワークのため，通信事業者の回線が利用される。
（ウ）は「ネットワークのネットワーク」といわれることが多い。（ウ）を管理する組

織は存在せず，それぞれの組織に管理された小さなネットワークの集合体が（ウ）である。

WWW（ワールドワイドウェブ）は（エ）という言語を用いて文字や音声・画像などの情報をインターネット上のwebページを介して発信できたり，（オ）を利用してwebページを閲覧したりすることができるサービスである。このwebページには（カ）というアドレスが割り当てられており，ページ単位で区分されている。

解答群
① インターネット　　② ブラウザ　　③ LAN（ローカルエリアネットワーク）
④ WAN（ワイドエリアネットワーク）　　⑤ HTML
⑥ URL（ユニホームリソースロケータ）

答 ア＿＿＿＿ イ＿＿＿＿ ウ＿＿＿＿
　エ＿＿＿＿ オ＿＿＿＿ カ＿＿＿＿

【8】 つぎの文中の（ ）に，最も適する語句を解答群から選び記号で答えなさい。

私たちの生活は情報化に伴い，情報を収集・発信することが容易になってきた。しかしその反面，たくさんの誤った情報や有害な情報が流出していることも事実である。そのため，それらの（ア）した情報を活用するためには情報を（イ）できる能力が重要となる。ホームページの運営やプレゼンテーションなどにおいて，情報を（ウ）する際には，（エ）権や工業所有権などの（オ）権をはじめ，肖像権や（カ）権，（キ）の保護にも配慮をしなければならない。

また，電子メールをはじめとする情報通信ネットワークを利用したコミュニケーションには，ネット上のエチケットである（ク）を尊重することも重要である。組織でコンピュータシステムを利用する立場においては，コンピュータウィルス，ハッカーや（ケ）からの（コ）等，情報セキュリティに関する知識を備えておかなければならない。

解答群
① ネチケット　　② パブリシティー　　③ プライバシー　　④ 知的所有
⑤ 不正アクセス　⑥ 収集　⑦ 発信　⑧ 著作　⑨ クラッカー　⑩ 取捨選択

答 ア＿＿＿ イ＿＿＿ ウ＿＿＿ エ＿＿＿ オ＿＿＿
　カ＿＿＿ キ＿＿＿ ク＿＿＿ ケ＿＿＿ コ＿＿＿

【9】 表7.1は，図7.2のような論理回路の入力 A，B と出力 F との関係を表した真理値表である。表7.1中のア〜エにあてはまる数値を答えなさい。

なお，表7.2は，AND回路，OR回路，NOT回路の論理記号と真理値表である。

7. 農業と環境・情報

表 7.1

A	B	F
0	0	ア
0	1	イ
1	0	ウ
1	1	エ

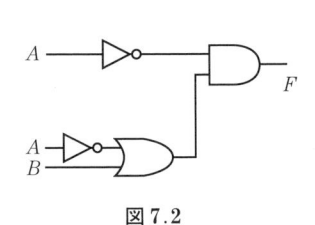

表 7.2

	AND 回路	OR 回路	NOT 回路
論理記号	$X, Y \to Z$	$X, Y \to Z$	$X \to Z$
真理値表	入力 X, Y / 出力 Z 0 0 → 0 0 1 → 0 1 0 → 0 1 1 → 1	入力 X, Y / 出力 Z 0 0 → 0 0 1 → 1 1 0 → 1 1 1 → 1	入力 X / 出力 Z 0 → 1 1 → 0

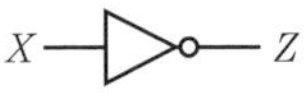

図 7.2

【答】 ア_____ イ_____ ウ_____ エ_____

【10】 つぎの①〜⑦のうち正しいものには○を，間違っているものには×をつけなさい。

① GIS（地理情報システム）は，数値地図データと，人口や産業などのデータを統合して利用するものである。

② GIS はアナログ地図のため，地図データをディスプレイ上で拡大・縮小できるほか，道路の長さや面積の計算を迅速に行うことができる。

③ GIS は必要とする情報を選択し，利用目的に応じた出力図を作成することも容易に行うことができる。

④ リモートセンシングとは，"接触による調査手法"という意味がある。

⑤ リモートセンシングは，人工衛星を利用して地表の対象物から反射，放射される電磁波を収集し，対象物についての種々の情報を得る技術である。

⑥ リモートセンシングは観測できる範囲が広く遠距離の地域でもほぼ同時期のデータを収得できるが，時系列的にデータを収得できないため定期的に観測することは難しい。

⑦ リモートセンシングの具体的な利用例としては，緑地・植生の変化の監視，海面温度，プランクトンの分布状況，二酸化炭素やオゾン層の調査，気象現象の解析などが挙げられる。

【答】① _____ ② _____ ③ _____ ④ _____
　　　⑤ _____ ⑥ _____ ⑦ _____

解　答

1. 数学・物理

1.1 数　学

【1】① $x+7y$　② $3a^3-a$
　　③ $4a^2+2a-2$

【2】① $3x^2-9x+1$
　　② $-A+7B=-15x^2+27x+11$

【3】① $8\sqrt{2}$　② $\sqrt{5}$　③ 6
　　④ 4　⑤ $\sqrt{2}-\sqrt{3}$

【4】① $2\sqrt{5}$　② $\frac{1}{2}(\sqrt{7}+\sqrt{3})$
　　③ $4-\sqrt{15}$

【5】10

【6】① $\log_2 2^4=4$　② $\log_3 3^{\frac{1}{2}}=\frac{1}{2}$
　　③ $\log_2 2^3=3$
　　④ $\log_3 81^{-1}=\log_3 (3^4)^{-1}=\log_3 3^{-4}=-4$
　　⑤ 0　⑥ 1

【7】① $\log_a(2\times 9)=\log_a(2\times 3^2)$
　　　　$=\log_a 2+\log_a 3^2=\log_a 2+2\log_a 3$
　　　　$=n+2m$
　　② $\log_a(2\times 3)^{\frac{1}{2}}$
　　　　$=\log_a 2^{\frac{1}{2}}+\log_a 3^{\frac{1}{2}}=\frac{1}{2}(n+m)$
　　③ $\log_a(4^{\frac{1}{4}}\times 3^{-1})=\log_a(2^{\frac{1}{2}}\times 3^{-1})$
　　　　$=\log_a 2^{\frac{1}{2}}+\log_a 3^{-1}=\frac{n}{2}-m$

【8】① 三角関数の定義から
　　　$\frac{x}{1}=\cos\theta,\ \frac{y}{1}=\sin\theta$ より
　　　$x=\cos\theta,\ y=\sin\theta$
　　② $\tan\theta=\frac{\sin\theta}{\cos\theta}$
　　③ $1^2=\cos^2\theta+\sin^2\theta$

【9】① $\frac{b}{\sin 45°}=\frac{6}{\sin 30°}$ より
　　　$b\times\frac{1}{2}=6\times\frac{\sqrt{2}}{2}$　∴ $b=6\sqrt{2}$
　　② $\frac{2}{\sin B}=\frac{\sqrt{2}}{\sin 30°}$ より
　　　$\sqrt{2}\times\sin B=2\times\frac{1}{2}$
　　　$\sin B=\frac{1}{\sqrt{2}}$　∴ $B=45°$
　　③ $a^2=3^2+(2\sqrt{3})^2-2\cdot 3$
　　　$\cdot 2\sqrt{3}\cdot\cos 30°$ より
　　　$a^2=9+12-18=3$　∴ $a=\sqrt{3}$
　　④ $(\sqrt{5})^2=(\sqrt{2})^2+1^2-2\cdot\sqrt{2}\cdot 1\cdot\cos B$
　　　より $=2+1-2\sqrt{2}\cos B$
　　　$\cos B=-\frac{1}{\sqrt{2}}$　∴ $B=135°$

【10】① $\sin\theta+\cos\theta=\frac{1}{3}$ の両辺を2乗する。
　　　$(\sin\theta+\cos\theta)^2=\left(\frac{1}{3}\right)^2$
　　　$\sin^2\theta+2\sin\theta\cos\theta+\cos^2\theta=\frac{1}{9}$
　　　ここで $\sin^2\theta+\cos^2\theta=1$ なので
　　　$1+2\sin\theta\cos\theta=\frac{1}{9}$
　　　式を変形して $2\sin\theta\cos\theta=\frac{1}{9}-1=-\frac{8}{9}$
　　　したがって $\sin\theta\cos\theta=-\frac{4}{9}$
　　② $\sin\theta-\cos\theta$ の式を2乗する。
　　　この式を展開して
　　　$\sin^2\theta-2\sin\theta\cos\theta+\cos^2\theta$
　　　ここで
　　　$\sin^2\theta+\cos^2\theta=1,\ \sin\theta\cos\theta=-\frac{4}{9}$
　　　なので
　　　$\sin^2\theta-2\sin\theta\cos\theta+\cos^2\theta=\frac{17}{9}$
　　　まとめると $(\sin\theta-\cos\theta)^2=\frac{17}{9}$
　　　ゆえに $\sin\theta-\cos\theta=\pm\frac{\sqrt{17}}{3}$
　　③ $\sin^3\theta+\cos^3\theta=(\sin\theta+\cos\theta)$
　　　　$\times(\sin^2\theta-\sin\theta\cos\theta+\cos^2\theta)$
　　　$=\frac{1}{3}\times\left(1-\left(-\frac{4}{9}\right)\right)=\frac{13}{27}$

【11】$\frac{\sin\theta}{1-\cos\theta}-\frac{1}{\tan\theta}$
　　$=\frac{\sin^2\theta-\cos\theta(1-\cos\theta)}{\sin\theta(1-\cos\theta)}$
　　$=\frac{\sin^2\theta+\cos^2\theta-\cos\theta}{\sin\theta(1-\cos\theta)}$
　　$=\frac{1-\cos\theta}{\sin\theta(1-\cos\theta)}=\frac{1}{\sin\theta}$

【12】① $x<8$　② $x>-6$　③ $x\geq -5$
　　　④ $x<-\frac{19}{5}$　⑤ $x\leq 1$　⑥ $x<\frac{9}{5}$

【13】① $x\leq -4$　　$x\geq -2$
　　　② $x<0$　　$x>3$
　　　③ $x<2-\sqrt{6}$　　$x>2+\sqrt{6}$

④ $\dfrac{5-\sqrt{19}}{2} \leq x \leq \dfrac{5+\sqrt{19}}{2}$

⑤ $-\dfrac{1}{3} \leq x \leq 2$ ⑥ $x \leq -6, \ x \geq 1$

【14】① （ア）より $(x-3)(x-5) \leq 0$
$3 \leq x \leq 5$
（イ）より $3(x-4) \leq 0$
$x \leq 4$ ∴ $3 \leq x \leq 4$

② （ア）より $(x-2)(x-4) \leq 0$
$2 \leq x \leq 4$
（イ）より $(x-3)(x-6) > 0$
$x < 3 \quad x > 6$ ∴ $2 \leq x < 3$

【15】座標 $(0, 2)$ と $(3, 0)$ を通る直線の式は
$y = -\dfrac{2}{3}x + 2$
したがって
$x > 0, \ y > 0, \ y < -\dfrac{2}{3}x + 2$

【16】① $(x+4)(x-4) = 0$ ∴ $x = \pm 4$

② $-2(x+\sqrt{3})(x-\sqrt{3}) = 0$
∴ $x = \pm\sqrt{3}$

③ $x(3x+7) = 0$
∴ $x = 0 \quad x = -\dfrac{7}{3}$

④ $x(x-2)(x-3) = 0$
∴ $x = 0 \quad x = 2 \quad x = 3$

⑤ $x(x-1)(x-3) = 0$
∴ $x = 0 \quad x = 1 \quad x = 3$

⑥ $x^2(x+2)(x-2) = 0$
∴ $x = 0 \quad x = \pm 2$

【17】① （ア）＋（イ）より $4x = 12$ ∴ $x = 3$
（ア）へ代入して $3 + 2y = 4$
∴ $y = \dfrac{1}{2}$ ∴ $\left(x = 3, \ y = \dfrac{1}{2}\right)$

② （ア）＋3×（イ）より $10y = 30$
∴ $y = 3$
（イ）へ代入して $-x + 3 \times 3 = 8$
∴ $x = 1$ ∴ $(x = 1, y = 3)$

③ （イ）を（ア）へ代入して
$2x + 3(x - 8) = 1$ ∴ $x = 5$
（イ）へ代入して $y = 5 - 8$
∴ $y = -3$ ∴ $(x = 5, y = -3)$

【18】$(x - \alpha)(x - \beta) = 0$ とすると
$x^2 - (\alpha + \beta)x + \alpha\beta = 0$
ここから $\alpha + \beta = 3, \ \alpha\beta = \dfrac{4}{3}$
なので
$x^2 - 3x + \dfrac{4}{3} = 0$（または $3x^2 - 9x + 4 = 0$）

【19】$x = 2$ について対称なグラフは
$y = a(x - 2)^2 + q$ ……①

ここで，$a = 1$ で点 $(3, 0)$ を通るから
$0 = (3 - 2)^2 + q$ より $q = -1$
したがって①へ代入して
$y = (x - 2)^2 - 1$
展開して $y = x^2 - 4x + 3$
答は $b = -4, \ c = +3$

【20】$y = -2x^2 + ax + a$ を変形すると
$y = -2\left(x^2 - \dfrac{a}{2} \cdot x\right) + a$ より
$y = -2\left(x - \dfrac{a}{4}\right)^2 + \dfrac{a^2}{8} + a$
最大値 m は
$x = \dfrac{a}{4}$ のとき $m = \dfrac{a^2}{8} + a$
m を変形すると $m = \dfrac{1}{8}(a^2 + 8a)$
より $m = \dfrac{1}{8}(a + 4)^2 - 2$
したがって $a = -4$ のとき最小値 $m = -2$

【21】① 半径 r の面積は πr^2
$60°$ は $360°$ の $\dfrac{1}{6}$ である $\left(\dfrac{60°}{360°} = \dfrac{1}{6}\right)$
したがって $60°$ の扇形の面積は $\pi r^2 \times \left(\dfrac{1}{6}\right)$
正三角形の面積は $\dfrac{1}{2}r^2 \sin 60° = r^2 \dfrac{\sqrt{3}}{4}$
求める面積は $\dfrac{\pi r^2}{6} - r^2 \dfrac{\sqrt{3}}{4} = \left(\dfrac{\pi}{6} - \dfrac{\sqrt{3}}{4}\right)r^2$

② この正方形を二つ重ねて①と同じように解いてみる。
半径 a の半円と考え面積は $\dfrac{\pi a^2}{2}$
一辺 a の直角三角形を 2 個引けばよいので引く面積は a^2
したがって $\dfrac{\pi a^2}{2} - a^2 = \dfrac{a^2}{2}(\pi - 2)$

【22】微分で接線の傾きを求める。
$3ax^2 + b$ が $x = 1$ で接線の二つの傾きになるので $3a + b = 2$
曲線 $y = ax^3 + bx$ も $(1, -1)$ の接点を通るので x, y の座標値を入れて
$-1 = a + b$
上式を解いて $a = \dfrac{3}{2}, \ b = -\dfrac{5}{2}$ となる。

【23】底辺を x とすると高さは $(30 - 2x)$，体積 V は $V = x^2 \times (30 - 2x) = 30x^2 - 2x^3$
この式の最大値を求めればよいので微分し，微分係数＝0 として計算する。
$60x - 6x^2 = 0, \ x(60 - 6x) = 0$ から
$x = 0, \ x = 10$ 答えは 10 cm

【24】面積 S は $S = h(20 - 2h) = 20h - 2h^2$
最大値を求めればよいので，微分係数＝0 を求

める。
 $20 - 4h = 0$　　したがって $h = 5$ cm

【25】$4^2 = 6^2 + 5^2 - 2 \times 5 \times 6 \times \cos B$ より
 $\cos B = \dfrac{36 + 25 - 16}{60} = \dfrac{3}{4}$
 BD $= x$ とおくと
 　$x : (x-5) = 6 : 4$ より　$x = 3$
 $AD^2 = 6^2 + 3^2 - 2 \times 6 \times 3 \times \cos B$
 　　　$= 18$　∴　$AD = \sqrt{18}$
 $AM^2 = 6^2 + 2.5^2 - 2 \times 6 \times 2.5 \times \cos B$
 　　　$= 19.75$　∴　$AM = \sqrt{19.75}$

【26】① 面積 $= \dfrac{1}{2} \times 3 \times 5 \sin 30° = \dfrac{15}{4} = 3.75$
 ② 面積 $= 7 \sin 120° \times 8 = 28\sqrt{3}$
 ③ △ABC の面積 S_1
 　$S_1 = \dfrac{1}{2} \times 8 \sin 60° \times 5 = 10\sqrt{3}$
 　$AC^2 = 8^2 + 5^2 - 2 \times 8 \times 5 \cos 60°$
 　　　$= 49$　∴　$AC = 7$
 　$AD = x$ とおくと
 　$7^2 = x^2 + 3^2 - 2 \times 3 \times x \times \cos 120°$
 　$x^2 + 3x - 40 = 0$
 　$(x+8)(x-5) = 0$
 　$x > 0$ より　$x = 5$
 　△ACD の面積 S_2
 　$S_2 = \dfrac{1}{2} \times 5 \sin 120° \times 3 = \dfrac{15\sqrt{3}}{4}$
 　四角形の面積 $S = S_1 + S_2$
 　　　$= 10\sqrt{3} + \dfrac{15}{4}\sqrt{3} = \dfrac{40\sqrt{3} + 15\sqrt{3}}{4}$
 　　　$= \dfrac{55\sqrt{3}}{4}$

【27】① 余弦定理より
 $\cos B = \dfrac{5^2 + 7^2 - 3^2}{2 \times 5 \times 7} = \dfrac{13}{14}$
 $\sin^2 B + \cos^2 B = 1$ より
 $\sin^2 B = 1 - \cos^2 B = \dfrac{27}{196}$
 $\sin B = \dfrac{3\sqrt{3}}{14}$
 面積 $= \dfrac{1}{2} \times 5 \times 7 \times \dfrac{3\sqrt{3}}{14} = \dfrac{15\sqrt{3}}{4}$
 ② $\dfrac{3}{\sin B} = 2R$ より
 $R = 3 \times \dfrac{14}{3\sqrt{3}} \times \dfrac{1}{2} = \dfrac{7\sqrt{3}}{3}$
 ③ $\dfrac{15\sqrt{3}}{4} = \dfrac{1}{2} \times R \times (5 + 7 + 3)$ より
 $R = \dfrac{\sqrt{3}}{2}$

【28】① 4　② $\dfrac{2}{3}$　③ 0　④ 1
　　　⑤ 3　⑥ 9

【29】$y = x^2 - 4 = (x-2)(x+2)$
 x 軸は -2 から $+2$ までの範囲で定積分を行う。

よって $\dfrac{32}{3}$

【30】接点 $\left(\dfrac{1}{2}, \dfrac{3}{4}\right)$ なので，接線の傾き
 $y' = -2x$
 $x = \dfrac{1}{2}$ のとき $y' = -1$
 したがって接線の式 $y = -x + \dfrac{5}{4}$
 面積は $\dfrac{5}{4} \times \dfrac{5}{4} \times \dfrac{1}{2} = \dfrac{25}{32}$

【31】微分して $y' = 3x^2 - 3 = 3(x^2 - 1)$
 $x = \pm 1$ で極値を与え，さらに $-1 \leqq x \leqq 3$ の範囲の増減表をつくる。

x	-1		1		3
y'	0	$-$	0	$+$	
y	6	↘	2	↗	22

 $f(-1) = 6$, $f(1) = 2$, $f(3) = 22$
 したがって最大値は $x = 3$ のときで 22，最小値は $x = 1$ のときで 2

【32】$\sqrt{6}$　　$(x+4)^2 + (y-3)^2 = 6$ より
 中心 $(-4, 3)$　半径 $\sqrt{6}$

【33】① 百位は 0 以外の 9 通り，十位は百位で使った数字以外の 9 通り，一位は残り 8 個の中から選ぶ。したがって，$9 \times 9 \times 8 = 648$ 個
 ② 一位は 1 から 9 までの 5 通り，百位は一位で使った数字と 0 以外の 8 個から選び，十位は一位と百位で使った数字以外の 8 個から選ぶ。$8 \times 8 \times 5 = 320$ 個
 ③ 一位が 0 のとき，百位は 9 通り，十位は残り 8 通りで，$9 \times 8 = 72$ 個
 一位が 5 のとき，百位は 0 と 5 以外の 8 通り，十位は残り 8 通り，$8 \times 8 = 64$ 個で合計 136 個

【34】赤い本をまとめて 1 冊と考え 6 冊の本の並べ方と，まとめた 1 冊の赤い本それぞれの 3 冊の並べ方の総数。$_6P_6 \times {_3}P_3 = 4\,320$ 通り

【35】4 区画横に進み，3 区画縦に進む。
 したがって $\dfrac{7!}{4!3!} = 35$ 通り

【36】中間点にいることは，6 回のうち 3 回だけ表がでること。硬貨を投げて表がでる確率は 1/2 であるので，反復試行における確率から
 $_6C_3 \left(\dfrac{1}{2}\right)^3 \left(\dfrac{1}{2}\right)^3 = 20 \times \dfrac{1}{64} = \dfrac{5}{16}$

【37】$S = \dfrac{n(a+l)}{2}$ より　① 780　② 110

【38】初項を a，公差を d とすると

第3項　$a + 2d = 7$
第8項　$a + 7d = 22$
この2式より $d = 3$, $a = 1$
したがって，一般 a_n 項は
$$a_n = 1 + (n-1) \times 3 = 3n - 2$$
初項1，公差3，一般項 $3n - 2$

【39】 $a_n = ar^{n-1}$ において，初項 $a = 1$，公比 $r = 2$，末項 $a_n = 128$ より
$$a_n = 1 \times 2^{n-1} = 2^{n-1} \to 2^{n-1} = 128 = 2^7$$
したがって $n - 1 = 7$ より $n = 8$

【40】 $S = \dfrac{a(r^n - 1)}{r - 1}$ より
① 2 186　② -84

1.2　物　　理

【1】 30分は0.5時間なので1時間30分は1.5時間。$\dfrac{135 \text{ km}}{1.5 \text{ h}} = 90$ km/h。1 km = 10^3 m，1 h = 3 600 s なので 90 km/h = $\dfrac{90 \times 10^3 \text{ m}}{3 600 \text{ s}} = 25$ m/s

【2】 ① $\dfrac{18 - 0}{30} = 0.6$ m/s²　② 18 m/s
③ $\dfrac{0 - 18}{36} = -0.5$ m/s²
④ $\dfrac{18 \times (70 + 136)}{2} = 1 854$ m

【3】 ① 投げ上げなので，初速度を v_0 とすると
$v = v_0 - gt = 19.6 - 9.8 \times 1 = 9.8$ m/s
② 距離を h とすると
$h = v_0 t - \dfrac{1}{2} gt^2$
$= 19.6 \times 1 - \dfrac{1}{2} \times 9.8 \times 1^2 = 14.7$ m
③ 最高点に達する時間を t_1 とすると，最高点は0なので，$0 = 19.6 - 9.8 t$ から $t = 2$ 秒，2秒後が最高点なので
$h = 19.6 \times 2 - \dfrac{1}{2} \times 9.8 \times 2^2 = 19.6$ m
④ 地面は $h = 0$ なので
$0 = 19.6 t - \dfrac{1}{2} \times 9.8 \times t^2$
$4.9 t (4 - t) = 0$ から $t = 4$ 秒後

【4】 ① 横に3 m/s，縦に4 m/sなので直角三角形の斜辺を求めればよいから 5 m/s
② ボートの速さ4 m/sなので 20 m = $4t$ より $t = 5$ 秒後

【5】 ① 等速円運動なので回転数を n とすると周期 t は $t = \dfrac{1}{n} = \dfrac{1}{2} = 0.5$ s
② 角速度 $\omega = \dfrac{2\pi}{t} = \dfrac{2 \times 3.14}{0.5}$
$= 12.56$ rad/s

③ 角速度に半径を掛ければよいので
12.56×1 m = 12.56 m/s
④ 遠心力は向心力なので
$f = mr\omega^2 = 0.5$ kg $\times 1.0$ m $\times 12.56^2$
$= 79$ N

【6】 釣合いの条件　モーメントの総和 = 0 から求める。
12 kg $\times$ 100 cm $- W \times 40$ cm = 0 から
$W = 30$ kg

【7】 ① 図から入射角45°，屈折角は90° $- 60°$ = 30°
② 屈折率を n とすると $n = \dfrac{\sin 45°}{\sin 30°} = 1.4$
③ $n = \dfrac{v_1}{v_2}$ から $1.4 = \dfrac{2.8}{v_2}$，$v_2 = 2.0$ m/s
④ $n = \dfrac{\lambda_1}{\lambda_2}$ から $1.4 = \dfrac{1.4}{\lambda_2}$，$\lambda_2 = 1.0$ m
⑤ 媒質が変化しても振動数は変化しない。
2.0 Hz

【8】 ① $v = 331.5 + 0.6 t$ から
$331.5 + 0.6 \times 15 = 340.5$ m/s
② 340.5 m/s $\times$ 5.0 s = 1.7 km

【9】 ① 抵抗は長さに比例し，断面積に反比例する。直径が2倍なら面積は 2^2 で4倍になる（πr^2 に着目）。1/4倍
② 2倍
③ 大きくなる
④ $R = \dfrac{\rho_1}{s}$ から $3.4 \times 10^{-2} = \dfrac{\rho \times 1}{0.5}$
$\rho = 3.4 \times 10^{-2} \times 0.5$
$R = 3.4 \times 10^{-2} \times 0.5 \times \dfrac{40}{2} = 0.34$ Ω

【10】 $L - \delta$

【11】 斜面方向の加速度成分は $g \sin 30°$
よって
$v = gt \sin 30° = 9.8 \times 4 \times \dfrac{1}{2} = 19.6$ m/s

【12】 水平方向の釣合いより
$F_2 \cos 60° = F_1 \cos 30°$
この関係から $F_1 = F_2 \dfrac{\cos 60°}{\cos 30°} = \dfrac{F_2}{\sqrt{3}}$
したがって F_2 と F_1 のうち大きな力が加わるのは F_2 である。ここで $F_2 = 80$ N として垂直方向の釣合いから
$F_2 \sin 60° + F_1 \sin 30° = W$
$W = 80$ N $\times \dfrac{\sqrt{3}}{2} + \dfrac{80 \text{ N}}{\sqrt{3}} \times \dfrac{1}{2}$
$= 80 \left(\dfrac{\sqrt{3}}{2} + \dfrac{1}{2\sqrt{3}} \right)$ N $= \dfrac{160\sqrt{3}}{3}$ N

【13】 オ

【14】 ① $F = kx$ から
　　　　$F = 2.0 \times 10^2 \times 0.4 = 80$ N
　　② $E = \dfrac{1}{2}kx^2$ から
　　　　$E = 2.0 \times 10^2 \times \dfrac{(0.4)^2}{2} = 16$ J
　　③ $16\text{ J} = 2.0\text{ kg} \times \dfrac{v^2}{2}$ から　$v = 4$ m/s

2. 農業土木設計・土木構造設計

2.1 設計と力学

【1】 ① オ　② ウ　③ ア　④ エ
　　　⑤ イ

【2】 ① 50 000　② 4　③ 0.006
　　　④ 0.8　⑤ 3 000 000

【3】 $\sum V = 0$ より　$50 \sin 60° = 25\sqrt{3}$
　　　$\sum H = 0$ より　$60 - 50 \cos 60° = 35$
　　　合力　$R = \sqrt{(25\sqrt{3})^2 + 35^2}$
　　　　　　　$= \sqrt{3100} = 55.7$ kN ⇒ ③

【4】 $P_x = 40 \cos 120° = -20$ kN
　　　$P_y = 40 \sin 120° = 34.6$ kN

【5】 合力 $R = -10 + 6 - 8 = -12$ kN
　　　作用点 $R_x = -12x$
　　　　　　　　$= -10 \times 9 + 6 \times 7 - 8 \times 3$
　　　　　　　　$= -72$　∴　$x = 6$ m
　　　合力：-12 kN，作用点：点 O より 6 m の位置

【6】 面積 $A = 8 \times 10 = 80$ cm²
　　　x 軸について $y = \dfrac{10}{2} + 2 = 7$ cm
　　　$G_x = Ay = 80 \times 7 = 560$ cm³
　　　y 軸について $x = \dfrac{8}{2} + 2 = 6$ cm
　　　$G_y = Ax = 80 \times 6 = 480$ cm³

【7】 面積 $A = \dfrac{\pi \times 30^2}{4} = 706.5$ cm²
　　　x 軸について $y = \dfrac{30}{2} = 15$ cm
　　　$G_x = Ay = 706.5 \times 15 = 10\,597.5$ cm³

【8】 断面一次モーメント
　　　　$=$ 面積×図心までの距離
　　　　$= 54 \times \dfrac{30}{2} \times 20 = 16\,200$ cm³
　　　図心外の軸に関する断面二次モーメント
　　　　$=$ 図心に関する断面二次モーメント
　　　　　$+$ 面積×(図心までの距離)²
　　　　$= \dfrac{54 \times 30^3}{36} + 810 \times 20^2 = 364\,500$ cm⁴

【9】 ① 96　② 10　③ 960
　　　④ 16×4　⑤ 64　⑥ 2　⑦ 128
　　　⑧ 160　⑨ 1 088　⑩ 6.8

【10】 $I_x = \dfrac{30 \times 40^3}{12} - \dfrac{15 \times 20^3}{12} = 150\,000$ cm⁴

【11】 $I = \dfrac{20 \times 50^3}{12} - \dfrac{19 \times 40^3}{12} = 107\,000$ cm⁴
　　　$y = \dfrac{50}{2} = 25$ cm　　$W = \dfrac{107\,000}{25}$
　　　　　　　　　　　　　　　　　　　$= 4\,280$ cm³

【12】 ① オ　② ウ　③ ア　④ エ
　　　⑤ イ

【13】 $P = \sigma A$ より
　　　$P = 130 \times 8 \times 8 \times 3.14 = 26\,124.8$
　　　　$= 26\,124.8$ N ≒ 26.1 kN

【14】 $P = \sigma A$ より　$A = \dfrac{P}{\sigma}$
　　　$A = \dfrac{600\,000}{8} = 75\,000$ mm²
　　　$A = a^2$ より　$a ≒ 274$ mm $= 27.4$ cm

【15】 $\sigma = \dfrac{4\,000}{20 \times 40} = 5$ N/mm²

【16】 $P = \sigma A$ より　$\sigma = \dfrac{P}{A}$
　　　$A = 16 \times 16 \times 3.14 ≒ 804$ mm
　　　$\sigma = \dfrac{70\,000}{804} ≒ 87$ N/mm² < 250 N/mm²
　　　したがってフックの法則が成立するので
　　　$E = \dfrac{\sigma}{\varepsilon} = \dfrac{P/A}{\Delta L/L}$ より
　　　$\Delta L = \dfrac{PL}{AE} = \dfrac{70\,000 \times 2\,000}{804 \times 210 \times 10^3}$
　　　　　$= 0.829$ mm
　　　※ 210 GPa $= 210 \times 10^9$ Pa
　　　　　　　　　$= 210 \times 10^9$ N/m² $= 210 \times 10^3$ N/mm²

【17】 鋼棒の断面積 $A = \dfrac{\pi \times 20^2}{4} = 314$ cm²
　　　弾性係数
　　　$E = \dfrac{Pl}{A\Delta l} = \dfrac{30\,000 \text{ N} \times 1\,000 \text{ mm}}{314 \text{ mm}^2 \times 0.8 \text{ mm}}$
　　　　$= 119\,427$ N/mm² $= 119\,427$ MPa
　　　　$= 119.4$ GPa

【18】 断面積 $A = \dfrac{\pi \times 30^2}{4} = 707$ mm²
　　　このときの引張許容応力度 σ_{ta} は
　　　　$\sigma_{ta} = \dfrac{\sigma_y}{S} = \dfrac{360}{3} = 120$ N/mm²
　　　　　　$= 120$ MPa
　　　∴ この鋼棒に加えることのできる引張力 T は
　　　　$T = \sigma_{ta} \cdot A = 120 \times 707 = 84\,840$ N
　　　　　　≒ 84.8 kN

【19】 $\varepsilon = \dfrac{\Delta l}{l} = \dfrac{3}{180} = 0.017$

【20】 P点：(ウ) [b]　　E点：(オ) [d]
　　　Y_U点：(ア) [f]　　Y_L点：(エ) [a]
　　　U点：(カ) [c]　　B点：(イ) [e]

【21】 鋼線の断面積 $A = \dfrac{\pi \times 2^2}{4} = 3.14$ mm²
　　　このときの鋼線に生じる応力 σ は
　　　　$\sigma = \dfrac{P}{A} = \dfrac{400}{3.14} = 127$ N/mm²
　　　となる。したがって

$\sigma < \sigma_{ta}(= 160 \text{ N/mm}^2)$
となるから，この鋼線は安全である。

【22】鉄筋の断面積 $A = \dfrac{\pi \times 14^2}{4} = 153.86 \text{ mm}^2$

$\sigma_b = \dfrac{P}{A} = \dfrac{60\,000}{153.86} = 390 \text{ N/mm}^2$

安全率 $S = \dfrac{\sigma_b}{\sigma_{ta}} = \dfrac{390}{120} = 3.25$

2.2 静定ばり・柱・トラス

【1】$R_A \times 7 - 2 \times \sin 60° \times 5 - 3 \times 2 = 0$
$R_A = 2.1 \text{ kN}$
$H_A = 2 \times \cos 60° = 1 \text{ kN}$

【2】不等変分荷重を集中荷重に変換すると
$P = 5 \times \dfrac{9}{2} = 22.5 \text{ kN}$
$R_A \times 9 - 22.5 \times 3 = 0$
$R_A = 7.5 \text{ kN}, \ R_B = P - R_A = 15.0 \text{ kN}$

【3】支点 B を中心にモーメントを考えると，
$\Sigma M_B = 0$ となる。これより
$-8 \text{ kN} \times 12 \text{ m} + R_A \times 10 \text{ m} - 6 \text{ kN}$
$\times 7 \text{ m} + 4 \text{ kN} \times 2 \text{ m} = 0$
$10 R_A = 96 + 42 - 8$
$R_A = 13 \text{ kN}$

【4】A 点の反力は，$\Sigma M_B = 0$ より
$10R_A - 2 \times 6 \times 7 - 8 \times 2 = 0$
$10R_A = 84 + 16 = 100$
$R_A = 10 \text{ kN}$
X 点のせん断力 S_X は
$S_X = R_A - (A \sim X \text{ の荷重})$
$= 10 - 2 \times 5 = 0 \text{ kN}$

【5】点 A の反力は
$10R_A = 50 \times 8 + (50 \times 4) \times 2$
$10R_A = 400 + 400 \quad R_A = 80 \text{ kN}$
せん断力が零となる位置 x は
$R_A - P - wx = 0$
$80 - 50 - 50x = 0$
$x = 0.6 \text{ m} \quad \therefore \ \text{D から } 0.6 \text{ m (A から } 6.6 \text{ m)}$

【6】(5) このゲルバーばりは，片持ちばりと単純ばりに分けられる。

【7】$M_A = -P \times \overline{AB} - (w \times \overline{AC}) \times \dfrac{\overline{AC}}{2}$
$= -6 \times 6 - (4 \times 4) \times \dfrac{4}{2}$
$= -68 \text{ kN·m}$

【8】④

【9】$P_1, \ P_2$ の合力 R は，$R = P_1 + P_2$

$R = 90 + 60 = 150 \text{ kN}$
$P_1 \sim R$ の距離を d として，P_1 を中心にモーメントをとると
$Rd = P_2 \times 5$ より $\ R = \dfrac{300}{150} = 2 \text{ m}$
$d/2 = 1 \text{ m}$ がはりの中央にくるとき，P_1 の下で絶対最大曲げモーメントが生じる。したがって $\ a = 6 - 1 = 5 \text{ m}, \ b = 12 - 5 - 5 = 2 \text{ m}$

【10】① たわみ角　② 曲げモーメント図
③ せん断力　④ たわみ
⑤ 曲げモーメント

【11】$\sigma = \dfrac{M}{W} \quad W = \dfrac{\pi d^3}{32}$ より
$\sigma = M \times \dfrac{32}{\pi d^3} = 5.0 \times 10^6 \times \dfrac{32}{\pi \times 100^3}$
$= \dfrac{160}{\pi} \text{ N/mm}^2$

【12】$\tau_{\max} = \dfrac{3}{2} \cdot \dfrac{S}{bh}$ より
$\tau_{\max} = \dfrac{3}{2} \cdot \dfrac{1\,500}{60 \times 80} = 0.469 \text{ N/mm}^2$

【13】$M_{\max} = 5\,400 \text{ N·m}, \ S_{\max} = 2\,100 \text{ N},$
$M = W\sigma_a, \ W = \dfrac{bh^2}{6}$ より
$h^2 = \dfrac{6M}{b\sigma_a} = 6 \times \dfrac{540\,000}{90 \times 25} = 1\,440 \text{ cm}^2$
$h = \sqrt{1\,440} = 38 \text{ cm}$
よって $b = 25 \text{ cm}, \ h = 38 \text{ cm}$
$\tau = \dfrac{3}{2} \cdot \dfrac{S}{A} = \dfrac{3}{2} \times \dfrac{2\,100}{25 \times 38}$
$= 3.3 \text{ N/cm}^2 < 6 \text{ N/cm}^2$

【14】$\sigma_c = \dfrac{P}{A} = \dfrac{60}{0.3 \times 0.4} = 500 \text{ kN/m}^2$

【15】細長比は $\dfrac{l}{r}$ で表される。
$I = \dfrac{bh^3}{12} = \dfrac{0.15 \times 0.1^3}{12}$
$r = \sqrt{\dfrac{I}{A}} = \sqrt{\dfrac{1.25 \times 10^{-5}}{0.15 \times 0.1}} = 0.028\,9 \text{ m}$
$< l = 4 \text{ m}$ より $\quad \dfrac{l}{r} = \dfrac{4}{0.028\,9} = 138.4$

【16】$\sigma = \dfrac{P}{bh}\left(1 \pm 6\dfrac{e}{h}\right)$ より
$\sigma_{AD} = \dfrac{180}{0.5 \times 0.4}\left(1 + 6 \times \dfrac{0.06}{0.5}\right)$
$= 1\,548 \text{ kN/m}^2 = 1.548 \text{ MN/m}^2$
$\sigma_{BC} = \dfrac{180}{0.5 \times 0.4}\left(1 - 6 \times \dfrac{0.06}{0.5}\right)$
$= 252 \text{ kN/m}^2$

【17】反力 $R_A = R_B = \dfrac{6 \times 3}{2} = 9 \text{ kN}$
節点①のモーメントを考えると，
$\Sigma M = 0$ より
$9 \times 2 - L_1 \times 2\sqrt{3} = 0$

$$L_1 = \frac{-18}{-2\sqrt{3}} = 5.20 \text{ kN（引張力）}$$

鉛直力の合計は，$\sum V = 0$ より

$9 + D_1 \sin 60° = 0$

$D_1 = \dfrac{-9}{\sin 60°} = -10.39 \text{ kN（圧縮力）}$

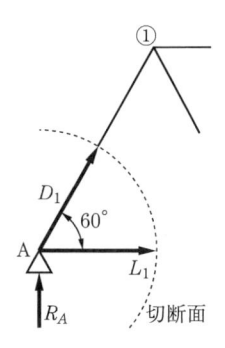

【18】 反力 $R_A = R_B = \dfrac{4 \times 12}{2} = 24 \text{ kN}$

節点②のモーメントを考えると $\sum M = 0$ より

$24 \times 3 - 4 \times 3 + U_1 \times 4 = 0$

$U_1 = \dfrac{-60}{4} = -15 \text{ kN（圧縮力）}$

鉛直力の合計は，$\sum V = 0$ より

$24 - 4 - 4 - 4 + D_2 \times \dfrac{4}{5} = 0$

$D_2 = -12 \times \dfrac{5}{4} = -15 \text{ kN（圧縮力）}$

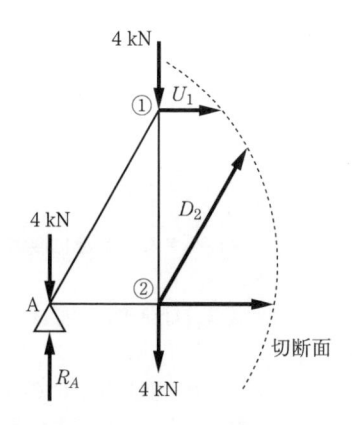

2.3 鉄筋コンクリート構造

【1】 $n = 15$

【2】 ア 圧縮力　イ 引張力　ウ 小さい　エ 引張　オ 大きい　カ 圧縮力　キ 引張力　ク 鉄筋コンクリート

【3】 ア 橋長　イ 主桁　ウ 主構　エ 支間　オ 径間　カ 橋脚

【4】 ア アーチ橋　イ ラーメン橋　ウ 斜張橋

【5】 ④

【6】 ① $p = \dfrac{20.27}{40 \times 50} = 0.010\,135 ≒ 0.010\,1$

② $x = 0.419 \times 500 = 209.5 ≒ 210 \text{ mm}$

【7】 ア 転倒に対する安定　イ 滑動に対する安定　ウ 沈下に対する安定（順不同）

【8】 ア 独立フーチング　イ 壁フーチング　ウ 連結フーチング　エ いかだ基礎（順不同）

【9】 ア 圧縮応力　イ ひび割れ　ウ プレストレスト　エ PC　オ 圧縮応力　カ プレストレス　キ プレテンション方式　ク ポストテンション方式　ケ フルプレストレッシング　コ 許容引張応力　サ パーシャルプレストレッシング　シ 減少　ス レラクセーション

【10】 ア 引張　イ 斜め引張　ウ ひび割れ　エ スターラップ　オ 折り曲げ鉄筋　カ 45°

【11】 ③

2.4 鋼構造

【1】 ① 一般構造用圧延鋼材　② 引張強度（または降伏点強度），N/mm²（MPa）

【2】 ① さらリベット　② 丸リベット　③ 平リベット

【3】 ① 重ね継手　② 突合せ継手

【4】 ① 摩擦接合　② 引張接合　③ 支圧接合

【5】 $\tau = \dfrac{P}{A} = \dfrac{4\,000}{10^2 \times 3.14} = 12.7 \text{ N/mm}^2$

3. 農業土木施工・土木施工

3.1 農業の基盤整備

【1】 ⑤

【2】 ① C　② B　③ A　④ E　⑤ D

【3】 ③　【4】 ②　【5】 ①, ②, ④, ⑤

【6】 ⑤　【7】 ③　【8】 ④

【9】 ① 水田を稲作以外の作物栽培にも利用できるよう整備すること。② 土地をたがいに交換し集団化すること。③ 分散耕地の集団化

を目的とし耕地の権利を交換すること。④ 人口集中地域（市街地を実体的に把握するため画定された統計上の単位）⑤ 農業の他に職業を持つ農家で農業所得の割合の大きな農家。

3.2 土木材料

【1】長所：軽量である，軽いわりに強い，熱や音を伝えにくい，取り扱いや施工がしやすい，美観に優れる，など
短所：空気中で腐りやすい，燃えやすい，乾燥や湿潤による変形が大きい，強さが不均一，など

【2】①

【3】木材を薄くはいで，それぞれの繊維方向をたがいに直角になるように3枚以上奇数枚貼りあわせたものである。

【4】A 火成岩：(安山岩・花崗岩)
B たい積岩：(石灰岩)
C 変成岩：(大理石・片麻岩)

【5】① 一般に吸水率の小さい岩石ほど強度は大きいとされる。

【6】③

【7】② 鉄鋼材料は，強さや伸びに優れ，加工性も良いことから，一般建設工事用材料として広く使用される。

【8】③ 鋼材の引張強度は，500°Cで通常の半分程度になり，1 000°Cではほとんど0になる。

【9】⑤

【10】⑤ キー・ピンは高強度を必要とし，炭素量は多い。電信用線は軟鋼線材であり，橋梁用板，車両用板，溶接管は溶接性を考えると炭素量は少ないほうがよい。

【11】③　【12】①　【13】③

【14】① アスファルト混合物の安定性を増す。
② 混合物の耐摩耗性を増す。

【15】② 一般に積み重ねは13袋以下とし，貯蔵が長期にわたるときは7袋以下とするのがよい。

【16】上から順に，(エ)(イ)(ウ)(ア)

【17】③ 混和材料のうち，①，②，③，⑤は混和材，④は混和剤である。

【18】凝結時間を調節するため

【19】① イ ② ア ③ オ ④ エ ⑤ ウ

【20】⑤

3.3 施工技術

【1】$V = \dfrac{170}{0.85} = 200$ m³（地山の土量）
ほぐした土量 $= 1.20 \times 200 = 240$ m³

【2】⑤ 点Bは切土から盛土への変移点である。

【3】③ ブロック張工は，1：1以上の緩勾配のところに適している。

【4】② 材料分離が著しいコンクリートは，練り直しても均質なコンクリートにすることは難しい。

【5】④

【6】③ $25.5 = -20.6 + 21.0 \dfrac{C}{W}$ より
$\dfrac{C}{W} = 2.2$
水セメント比 $\dfrac{W}{C} = \dfrac{1}{2.2} \times 100 = 45.6$ %

【7】⑤ 少なくとも5日間は常に湿潤状態に保たなければならない。

【8】③ 薬液注入工法の説明である。

【9】⑤ 一般的とはいえない。

【10】③ 舗装の厚さは，路床の設計CBR，交通条件，気象条件，経済性などを考慮して決定する。

【11】④

【12】④ コンクリート版の厚さは一般的に15〜30 cm程度である。

【13】① 車両の排気ガスを排出するための換気設備を大型にする。

【14】⑤ 径の小さいものを多く用いたほうが有効である。

【15】③ 線形は直線か曲線半径の大きいものがよい。

【16】③ セメントミルクは小さなわれ目に浸透しにくいのが難点である。

【17】⑤ フィルダムの減勢工は跳水式が標準である。

【18】⑤ コンクリートの発熱を緩和しひび割れを防止するため，単位セメント量，単位水量をできるだけ減じる。

3.4 土木工事管理

【1】⑤　【2】④　【3】④　【4】④

【5】④
（1）①→③→⑤→⑦
$12 + 13 + 11 = 36$ 日間
（2）①→③→④→⑥→⑦

解　　　答

(3)　①→③→④→⑥……→⑤→⑦
　　　12＋7＋9＋11＝39 日間
(4)　①→②→④→⑥→⑦
　　　6＋10＋9＋9＝34 日間
(5)　①→②→⑥→⑦
　　　6＋16＋9＝31 日間
(6)　①→②→④→⑥……→⑤→⑦
　　　6＋10＋9＋11＝36 日間
(7)　①→②→⑥……→⑤→⑦
　　　6＋16＋11＝33 日間

よって工期は，39 日間となる。

【6】⑤　工期の最長期間は①→②→④→⑤→⑥→⑦で 25 日間である。
【7】⑤

3.5　工事用機械と電気設備

【1】⑤
【2】①と b，②と a，③と d，④と c
【3】⑤　ドラグラインは硬い地盤の掘削には適さない。
【4】③　タンピングローラは，風化岩，土丹，礫混じり粘性土。
【5】⑤
【6】①エ　②ア　③オ　④ウ　⑤カ　⑥イ
【7】①ウ　②ア　③イ　④エ　⑤オ
【8】②　【9】②
【10】$C_m = \dfrac{20}{40} + \dfrac{20}{100} + 0.25 = 0.95$
　　　$q = 0.44 \times 1.23 = 0.54$
　　　$f = \dfrac{1}{1.25} = 0.8$
　　　$Q = \dfrac{60 \times 0.54 \times 0.8 \times 0.55}{0.95}$
　　　　$= 15.00 \text{ m}^3/\text{h}$
【11】①ウ　②オ　③エ　④ア　⑤イ
【12】①　【13】⑤
【14】①ウ　②イ　③ア
【15】④

4．水　循　環

4.1　水の基本的性質

【1】$500 \text{ kgf} \times 9.8 \text{ m/s}^2 = 4.9 \text{ kN}$
　　　$50 \text{ kgf/m}^2 \times 9.8 \text{ m/s}^2 = 490 \text{ Pa}$
【2】海水は塩分の濃度により密度は異なるが，一般に①の 1.025 g/cm^3 が正解
【3】$\nu = \dfrac{\mu}{\rho} = \dfrac{0.890\,2 \times 10^{-3}}{997.04}$
　　　　$= 0.893 \times 10^{-6} \text{ m}^2/\text{s}$
【4】$\rho g = 9.8 \text{ kN/m}^3$，$H = 10 \text{ m}$
　　　$P_w = \rho g H = 9.8 \times 10 = 98 \text{ kN/m}^2$
　　　　$= 98 \text{ kPa}$
【5】$P_1 = \rho g H A = 9.8 \times 0.4 \times 2 = 7.84 \text{ kN}$
【6】$H = 0.76 \text{ m} \times 13.59 ≒ 10.33 \text{ m}$
【7】両管の圧力差 $\varDelta p$ は
　　　$\varDelta p = (\rho' - \rho) g H$
　　　　$= (13\,600 - 1\,000) \times 9.8 \times 0.10$
　　　　$= 12.3 \times 10^3 \text{ N/m}^3 = 12.3 \text{ kPa}$
【8】全水圧　$P = \dfrac{1}{2} \rho g b H^2 = \dfrac{1}{2} \times 9.8 \times 1 \times 6^2$
　　　　　　　$= 176.4 \text{ kN}$
　　　作用点　$H_c = \dfrac{2}{3} H = \dfrac{2}{3} \times 6$
　　　　　　　$= 4 \text{ m}$（水面より）
【9】$A = (5^2 + 10^2)^{\frac{1}{2}} \times 1 = 11.2 \text{ m}^2$
　　　$H_G = 2.5 \text{ m}$
　　　$P = \rho g H_G A = 1.0 \times 9.8 \times 2.5 \times 11.2$
　　　　$= 274.4 \text{ kN}$
　　　$P_H = 274.4 \times \dfrac{1}{\sqrt{1^2 + 2^2}} = 122.7 \text{ kN}$
　　　$P_V = 274.4 \times \dfrac{2}{\sqrt{1^2 + 2^2}} = 245.4 \text{ kN}$
【10】全水圧　$P = \dfrac{1}{2} \rho g b (H_2^2 - H_1^2)$
　　　　　　　$= \dfrac{1}{2} \times 9.8 \times 2 \times (5^2 - 2^2) = 205.8 \text{ kN}$
　　　作用点　$H_c = \dfrac{2}{3} \cdot \dfrac{H_1^2 + H_1 H_2 + H_2^2}{H_1 + H_2}$
　　　　　　　$= \dfrac{2}{3} \cdot \dfrac{2^2 + 2 \times 5 + 5^2}{2 + 5} = 3.7 \text{ m}$（水面より）
【11】全水圧　$P = \dfrac{1}{2} \rho g b (H_1^2 - H_2^2)$
　　　　　　　$= \dfrac{1}{2} \times 9.8 \times 1 \times (5^2 - 3^2) = 78.4 \text{ kN}$
　　　作用点　$y_c = \dfrac{1}{3} \cdot \dfrac{H_1^2 + H_1 H_2 + H_2^2}{H_1 + H_2}$
　　　　　　　$= \dfrac{1}{3} \cdot \dfrac{5^2 + 5 \times 3 + 3^2}{5 + 3}$
　　　　　　　$= 2.04 \text{ m}$（水路床より）
【12】$0.92 V = 1.025 (V - 50)$

$0.105\,V = 51.25$ $V = 488.1\,\text{m}^3$

【13】 ア 定流　イ 不定流　ウ 等流
　　　エ 不等流　オ 層流　カ 乱流

【14】 Z は位置水頭なので③が誤り

【15】 $v = C\sqrt{2gh} = 1 \times \sqrt{2 \times 9.8 \times 0.08}$
　　　　$= 1.25\,\text{m/s}$

【16】 $A_1 v_1 = A_2 v_2$ より
　　　　$\dfrac{\pi \cdot 0.3^2}{4} \times 0.9 = \dfrac{\pi \cdot 0.15^2}{4} \times v_2$
　　　　$\therefore v_2 = 3.6\,\text{m/s}$

【17】 $D = 500\,\text{mm} = 0.5\,\text{m}$
　　　　$A = \dfrac{1}{4} \times \pi \times 0.5^2 = 0.196\,\text{m}^2$
　　　　$Q = A \times v = 0.196 \times 1.0 = 0.196\,\text{m}^3/\text{s}$

【18】 マニングの公式 $v = \dfrac{1}{n} R^{\frac{2}{3}} I^{\frac{1}{2}}$ および連続の
　　　式 $Q = Av$ より
　　　　$Q = A \dfrac{1}{n} R^{\frac{2}{3}} I^{\frac{1}{2}}$
　　　　$= 100 \times \dfrac{1}{0.01} \times 8^{\frac{2}{3}} \times \left(\dfrac{1}{2\,500}\right)^{\frac{1}{2}}$
　　　　$= 800\,\text{m}^3/\text{s}$

【19】 摩擦損失係数
　　　　$f = \dfrac{124.5 n^2}{D^{\frac{1}{3}}} = \dfrac{124.5 \times 0.013^2}{0.3^{\frac{1}{3}}} = 0.031$
　　　ダルシー・ワイズバッハの式 $h_f = f \dfrac{l}{D} \cdot \dfrac{v^2}{2g}$
　　　より $0.5 = 0.031 \times \dfrac{200}{0.3} \cdot \dfrac{v^2}{2 \times 9.8}$
　　　　$v = 0.69\,\text{m/s}$
　　　　$Q = Av = \dfrac{\pi D^2}{4} v = \dfrac{\pi \cdot 0.3^2}{4} 0.69$
　　　　$= 0.05\,\text{m}^3/\text{s}$

【20】 摩擦損失係数
　　　　$f = \dfrac{124.5 n^2}{D^{\frac{1}{3}}} = \dfrac{124.5 \times 0.013^2}{0.2^{\frac{1}{3}}} = 0.036$
　　　　$Q = \dfrac{\pi D^2}{4} \sqrt{\dfrac{2gH}{\left(f_i + f_o + f \dfrac{l}{D}\right)}}$
　　　　$= \dfrac{\pi \cdot 0.2^2}{4} \sqrt{\dfrac{2 \times 9.8 \times 3}{\left(0.5 + 1 + 0.036 \dfrac{100}{0.2}\right)}}$
　　　　$= 0.055\,\text{m}^3/\text{s}$

【21】 流積 $A = \dfrac{1}{4} \times \pi \times 2^2 \times \dfrac{1}{2} = 1.57\,\text{m}^2$
　　　潤辺 $S = 2 \times \pi \times \dfrac{1}{2} = 3.14\,\text{m}$
　　　径深 $R = \dfrac{A}{S} = \dfrac{1.57}{3.14} = 0.5\,\text{m}$

【22】 流積 $A = (3 + 7) \times 2 \times \dfrac{1}{2} = 10\,\text{m}^2$
　　　流量 $Q = Av = 10 \times 3 = 30\,\text{m}^3/\text{s}$

【23】 $Q = Av$ より
　　　　$20 = 2 \times 4 \times v, \ v = 2.5\,\text{m/s}$

【24】 潤辺 $S = 4.0 + 2 \times 2.5 = 9\,\text{m}$

径深 $R = \dfrac{A}{S} = \dfrac{4 \times 2.5}{9} = 1.11\,\text{m}$

【25】 $Q_1 = A_1 v_{0.6} = 12.5 \times 0.92 = 11.5\,\text{m}^3/\text{s}$
　　　$Q_2 = A_2 \cdot \dfrac{1}{2}(v_{0.2} + v_{0.8})$
　　　　$= 32.4 \times \dfrac{1}{2}(1.25 + 1.17) = 39.2\,\text{m}^3/\text{s}$
　　　$Q_3 = A_3 v_{0.6} = 10.2 \times 0.86 = 8.8\,\text{m}^3/\text{s}$
　　　よって $Q = Q_1 + Q_2 + Q_3 = 59.5\,\text{m}^3/\text{s}$

【26】 $v = \dfrac{12}{5 \times 1.0} = 2.4\,\text{m/s}$
　　　$Fr = \dfrac{2.4}{\sqrt{9.8 \times 1}} = 0.77 < 1$ よって，常流

【27】 ア 限界水深　イ $\dfrac{2}{3}H$　ウ 射流
　　　エ 跳水現象　オ 常流

【28】 水面と流出口の中心に基準をとり，ベルヌーイの定理を適応すると
　　　$Z_1 + \dfrac{P_1}{\rho g} + \dfrac{v_1^2}{2g} = Z_2 + \dfrac{P_2}{\rho g} + \dfrac{v_2^2}{2g}$
　　　$H + 0 + 0 = 0 + 0 + \dfrac{2^2}{2 \times 9.8}$
　　　$\therefore H = 0.2\,\text{m}$

【29】 $Q = C_1 b H_1 \sqrt{2g(H_0 - H_1)}$
　　　　$= 0.66 \times 3.5 \times 0.5$
　　　　$\times \sqrt{2 \times 9.8 \times (3.3 - 0.5)}$
　　　　$= 8.56\,\text{m}^3/\text{s}$
　　　図より，下流側水深が水門の開きより低いので自由流出として計算をする。

【30】 $C = 1.354 + \dfrac{0.004}{H}$
　　　　$+ \left(0.14 + \dfrac{0.2}{\sqrt{Hd}}\right)\left(\dfrac{H}{B} - 0.09\right)^2$
　　　　$= 1.354 + \dfrac{0.004}{0.2}$
　　　　$+ \left(0.14 + \dfrac{0.2}{\sqrt{0.5}}\right)\left(\dfrac{0.2}{1.1} - 0.09\right)^2 = 1.378$
　　　$Q = C H^{\frac{5}{2}} = 1.378 \times 0.2^{\frac{5}{2}} = 0.025\,\text{m}^3/\text{s}$

4.2 土の基本的性質

【1】 （1）粘土　（2）シルト　（3）れき

【2】 ①

【3】 ア) a　イ) $D_{10} = 0.005\,\text{mm}$
　　　$U_c = \dfrac{0.14}{0.005} = 28$

【4】 含水比 $= \dfrac{420 - 370}{370} \times 100 = 13.5\,\%$
　　　湿潤密度 $= \dfrac{420}{220} = 1.91\,\text{g/cm}^3$
　　　乾燥密度 $= \dfrac{370}{220} = 1.68\,\text{g/cm}^3$

【5】 ① コンシステンシー　② 液性限界
　　　③ 塑性限界　　　　　④ 収縮限界

【6】 ②

解　答　　*101*

【7】① $k = \dfrac{Q \cdot H}{A \cdot t \cdot h} = \dfrac{400 \times 12}{5^2 \times \pi \times 10 \times 60 \times 18}$
　　　　$= 5.66 \times 10^{-3}$ cm/s

【8】④　シルトや粘土は透水性が小さい

【9】③　沈下量 $S = 0.02 - 0.015 = 0.005$ m
　　　$m_v = s/h/\varDelta P = 0.005/0.02/30$
　　　　　$= 8.3 \times 10^{-3}$ m²/kN

【10】ア-③，イ-②　$40 \times \dfrac{34}{100} = 13.6 \approx 14$ cm
　　$C_v = 40$ cm²/日 は $40/(60 \times 24)$
　　　　$= 0.0278$ cm²/min
　　T_v はグラフから U 50 % を読み 0.197 を得る
　　$H = 800$ cm/2 = 400 cm
　　$t = H^2 \cdot T_v/C_v = 400^2 \times 0.197/0.0278$
　　　$= 133\,812.95$ min $= 133\,812.95/(60 \times 24)$
　　　$= 788$ 日

【11】③　$S = \varDelta e/(1 + e_0) \cdot H$
　　　　$= (2.8 - 1.8)/(1 + 2.8) \times 10 = 2.63$ m

【12】①

【13】④　$S = C + \sigma \tan \phi$
　　　　　$= 10 + 300 \cdot \tan 30 = 183.2$ kN/m²

【14】$s = 15 + 250 \times \tan 30 = 159.3$ kN/m²
　　　> 120 より安全

【15】②　【16】②　$C = \dfrac{q_u}{2} = \dfrac{38}{2} = 19$ kN/m²

【17】②　$S_t = \dfrac{q_u}{q_{ur}} = \dfrac{60}{20} = 3$　【18】③

【19】$P_A = \dfrac{1}{2} \times 18 \times 3^2 \times 0.35 = 28.35$ kN/m
　　　$y = \dfrac{3}{3} = 1$ m

【20】$P_A = 1/2 \times 17 \times 4^2 \times 0.3 + 10 \times 4 \times 0.3$
　　　　$= 40.8 + 12 = 52.8$ kN/m
　　　$y = \dfrac{40.8 \times 4/3 + 12 \times 4/2}{52.8} = 1.48$ m

【21】①

4.3　農業水利

【1】平均法，ティーセン法，等雨量線法（順不同）

【2】①イ　②サ　③オ　④エ
　　⑤ソ

【3】ア②　イ①　ウ④　エ⑤
　　オ⑩　カ⑨

【4】②　【5】④　【6】②

【7】①　【8】③　【9】③

【10】①　【11】②　【12】④

【13】②　【14】②

5.　測　　量

5.1　基準点測量・写真測量

【1】②　【2】①

【3】最確値＝150.84 m，平均二乗誤差＝±1.4 cm

【4】④　【5】①　【6】50 m

【7】補正量　－0.400 m　水平距離　179.600 m

【8】水平距離 120.00 m，地図上の距離 4.8 cm

【9】①　【10】③　【11】⑤　【12】③

【13】1.4 cm　【14】50 m　【15】④

【16】④　【17】④

【18】A の高低角　56° 40′ 34″
　　　B の高低角　19° 24′ 47″
　　　高度定数の較差　2″

【19】129° 15′ 27″

【20】③

【21】AB＝60°，BC＝160°，CA＝280°

【22】精度＝1/3 200　【23】＋2 mm

【24】ア　ジオイド　イ　回転楕円体
　　　ウ　準拠楕円体　エ　楕円体高
　　　オ　ジオイド高

【25】①　【26】⑤　【27】③

【28】$H_B = 10.350 + 0.862 = 11.212$ m

【29】①　水準点 A～固定点(1)の誤差＝3 mm
　　　　許容範囲＝$5 \times \sqrt{0.81} = 5 \times 0.9$
　　　　　　　　$= 4.5$ mm　　　（範囲内）
　　　②　固定点(1)～固定点(2)の誤差＝4 mm
　　　　許容範囲＝$5 \times \sqrt{0.49} = 5 \times 0.7$
　　　　　　　　$= 3.5$ mm　　　（範囲外）
　　　③　固定点(2)～水準点 B の誤差＝5 mm
　　　　許容範囲＝$5 \times \sqrt{1.44} = 5 \times 1.2$
　　　　　　　　$= 6$ mm　　　　（範囲内）
　　　よって，許容範囲を超える所は固定点(1)～
　　　固定点(2)の区間である。

【30】28.340 m　【31】④　【32】③

【33】③　【34】120 m　【35】3 200 m

【36】④　ランドサット衛星は 700～900 km，スポット衛星は約 800 km の高度上を周回している。

【37】③　【38】④

5.2　応用測量

【1】(1) 線形決定　(2) 中心線測量

(3) 横断測量　(4) 用地幅杭設置測量
(5) 点検

【2】(1) 縦断面図　(2) 中心杭
(3) 地形変化点　(4) 4 級
(5) 中心点

【3】曲線長 $C.L. = RI$ [rad] $= \pi \cdot \dfrac{RI°}{180°}$
$= \pi \times 400 \times \dfrac{60°}{180°} = 418.88$ m

接線長 $T.L. = R \cdot \tan \dfrac{I}{2}$
$= 400 \times \tan 30° = 230.94$ m

【4】直角三角形 ABO において
$\cos \dfrac{I}{2} = \dfrac{R}{R + S.L.}$
これより R について求めると
$R = S.L. \times \dfrac{\cos(I/2)}{1 - \cos(I/2)}$
$= 23.21 \times \dfrac{\cos 30°}{1 - \cos 30°} = 150.03$ m

【5】

x	y	$y_{n+1} - y_{n-1}$	$x(y_{n+1} - y_{n-1})$
0	0	0	0
32 m	15 m	29 m	928
11 m	29 m	−15 m	−165 m²
		倍面積	763 m²
		面積	381.5 m²

【6】C, D より AB 延長線上に下ろした垂線の足を C′, D′ としたとき
$AC' = 2.00 \times 0.8 = 1.60$ m
$BD' = 3.00 \times 1.5 = 4.50$ m
求める面積 A = [台形 DCC′D′] − [三角形 ACC′] − [三角形 BDD′]
$= (2 + 3) \times \dfrac{1.6 + 5 + 4.5}{2}$
$- 2 \times \dfrac{1.6}{2} - 3 \times \dfrac{4.5}{2} = 19.40$ m²

【7】△BCD = △BDD′（面積が等しい）
$\dfrac{1}{2}$BD·CD sin 30°
$= \dfrac{1}{2}$BD sin 60°·DD′
CD sin 30° = DD′ sin 60°　より
$50 \cdot \dfrac{1}{2} = DD' \cdot \left(\dfrac{\sqrt{3}}{2}\right)$　∴　DD′ = 28.868 m

【8】切土量 = $(0.00 + 9.50) \times \dfrac{20}{2} = 95.00$ m³
盛土量 = $(14.00 + 6.20) \times \dfrac{20}{2} = 202.00$ m³

【9】各ブロックごとに体積を計算し合計すると
全体の体積 $(V) = 28.667 a^2$
底面積 $(A) = (3a \times 2a) - \dfrac{1}{2} \times 2a \times a$
$= 5a^2$

地盤高 $= \dfrac{28.667 a^2}{5 a^2} = 5.733$ m

【10】(1) 河心　(2) 合流点　(3) 200
(4) 3 級基準点測量　(5) 2 級水準測量
(6) 縦断面図　(7) 距離標　(8) 河川計画資料　(9) 水底部の地形　(10) 深浅図
(11) 垂直距離　(12) 交線（または汀線）

【11】A　$16 \times \dfrac{8}{2} \times 10 = 640$ m³/s
B　$8 \times 10 \times 15 = 1\,200$ m³/s
C　$16 \times \dfrac{8}{2} \times 8 = 512$ m³/s
合計 $2\,352$ m³/s

【12】1 点法……$v = v_{0.6} = 1.1$ m/s
2 点法……$v = \dfrac{1}{2}(v_{0.2} + v_{0.8}) = 0.7$ m/s
3 点法……$v = \dfrac{1}{4}(v_{0.2} + 2 v_{0.6} + v_{0.8})$
$= 0.9$ m/s

6. 社会基盤工学

6.1 交通と運輸

【1】パーソントリップ調査　【2】150 %
【3】d　【4】②　【5】②（高速道路は 3 %）
【6】②　【7】③　【8】④
【9】$\dfrac{24.6 - (-17.9)}{5\,000} \times 1\,000$
$= 8.5$ ‰（パーミル）
【10】① 重要港湾　② 特定重要港湾
③ 国際拠点港湾　④ 国際戦略港湾
⑤ 第 1 種漁港　⑥ 第 3 種漁港
⑦ 特定第 3 種漁港
【11】④　【12】②
【13】① 拠点空港　② 地方管理空港
③ 会社管理空港
【14】⑤　【15】④
【16】① 地下鉄道　② 路面電車
③ モノレール　④ 懸垂式
【17】NO_X 窒素酸化物，SO_X 硫黄酸化物
【18】バリアフリー新法（「高齢者，障害者等の移動等の円滑化の促進に関する法律」）

6.2 治水・利水

【1】①，② 土砂，水（順不同）③ 急勾配
【2】a 天端　b 表法　c 裏法
d 犬走り　e 堤外地　f 堤敷幅
g 堤内地
【3】① 貯留型　② 浸透型

解　　　答　　　103

③　オフサイト　④　オンサイト
【4】②　【5】②　【6】⑤　【7】③
【8】②　【9】④　【10】③
【11】ア　農業　イ　生活　ウ　工業
【12】①　【13】③
【14】③　$P = 9.8QH\eta$ より
　　　　$40\,000 = 9.8 \times Q \times 100 \times 0.85$
　　　　∴　$Q ≒ 48$ m³/s
【15】①　中空重力ダム　②　バットレスダム
　　　③　アーチダム　④　ロックフィルダム
　　　⑤　アースダム
【16】①　【17】②　【18】③
【19】$6\,000$ km² $= 6\,000 \times 1\,000 \times 1\,000$ m²
　　　年平均降水量
　　　$\dfrac{9\,000\,000\,000}{6\,000\,000\,000} = 1.5$ m $= 1\,500$ mm
　　　蒸発散量　$1\,500$ mm $\times 0.2 = 300$ mm
【20】$1\,800 - 600 = 1\,200$ mm $= 1.2$ m
　　　$1.2 \times 400 \times 1\,000 \times 1\,000$
　　　$= 480\,000\,000 = 4.8$ 億 m³/年

6.3　社会基盤システム

【1】ア　e　イ　b　ウ　f　エ　c
【2】市街化調整区域
【3】土地区画整理事業
【4】(共同) 減歩
【5】排出の抑制（リデュース）
　　　再利用（リユース）
　　　再生利用（リサイクル）（順不同）
【6】環境影響評価（環境アセスメント）
【7】①　近隣公園　②　地区公園
　　　③　総合公園
【8】①　一般廃棄物　②　産業廃棄物
【9】ハザードマップ
【10】建ぺい率　$\dfrac{80}{270} \times 100 = 29.6$ %
　　　容積率　$\dfrac{155}{270} \times 100 = 57.4$ %

7．農業と環境・情報

7.1　農業と環境
【1】④　【2】②

【3】②　中木層ではなく亜高木層である。
【4】④　【5】⑤
【6】④　森林の多面的機能は，1.生物多様性保全，2.地球環境保全，3.土砂災害防止・土壌保全，4.水源かん養，5.快適環境形成，6.保健・レクリエーション，7.文化，8.物質生産である。
【7】②　富栄養化によって水中に酸欠状態を起こし，魚類などの水生生物が死滅する。
【8】③　【9】①　【10】③
【11】①　少ない投入資源で農産物の品質向上と収量増大を図り，環境汚染物質や廃棄物を最小限に抑えて，省資源，環境保全，高生産効率，安全・安心で持続可能な農業を目指す。
【12】③　緩和する作用がある。
【13】①　【14】③
【15】⑤　永久しおれ点のpFは4.2である。
【16】①　生物多様性が失われる。
【17】②　【18】③　【19】①
【20】⑤　【21】②
【22】③　市民農園のことである。

7.2　情　　　報

【1】①　ク　②　キ　③　エ　④　ウ
　　　⑤　カ　⑥　オ　⑦　イ　⑧　ア
【2】①　キ　②　カ　③　オ　④　エ
　　　⑤　ウ　⑥　イ
【3】①　エ　②　オ　③　カ　④　ア
　　　⑤　イ　⑥　ウ
【4】ア　⑤　イ　⑨　ウ　⑥　エ　④
　　　オ　③　カ　②
【5】ア　⑪　イ　②　ウ　④，⑥，⑦，⑥
　　　エ　③　オ　⑩
【6】③
【7】ア　③　イ　④　ウ　①　エ　⑤
　　　オ　②　カ　⑥
【8】ア　⑥　イ　⑩　ウ　⑦　エ　⑧
　　　オ　④　カ　②　キ　③　ク　①
　　　ケ　⑨　コ　⑤
【9】ア　1　イ　1　ウ　0　エ　0
【10】①　○　②　×　③　○　④　×
　　　⑤　○　⑥　×　⑦　○

新版 農業土木・土木職採用試験問題集
　　　　　Ⓒ 全国高等学校農業土木教育研究協議会　1999, 2007, 2015

1999年2月26日	初版第1刷発行
2007年2月28日	初版第5刷発行（改訂版）
2013年8月20日	初版第7刷発行（改訂版）
2015年5月8日	新版第1刷発行
2024年2月20日	新版第5刷発行

検印省略	編　者	全 国 高 等 学 校 農業土木教育研究協議会
	発行者	株式会社　コロナ社 代表者　牛来真也
	印刷所	壮光舎印刷株式会社
	製本所	株式会社　グリーン

112-0011　東京都文京区千石4-46-10
発行所　株式会社　コロナ社
CORONA PUBLISHING CO., LTD.
Tokyo Japan
振替00140-8-14844・電話(03)3941-3131(代)
ホームページ　https://www.coronasha.co.jp

ISBN 978-4-339-05243-5　C3061　Printed in Japan　　　　（高橋）

〈出版者著作権管理機構　委託出版物〉
本書の無断複製は著作権法上での例外を除き禁じられています。複製される場合は、そのつど事前に、出版者著作権管理機構（電話 03-5244-5088, FAX 03-5244-5089, e-mail: info@jcopy.or.jp）の許諾を得てください。

本書のコピー，スキャン，デジタル化等の無断複製・転載は著作権法上での例外を除き禁じられています。
購入者以外の第三者による本書の電子データ化及び電子書籍化は，いかなる場合も認めていません。
落丁・乱丁はお取替えいたします。